Seelen Rückreise

Gisela Tholema

Impressum

Gisela Wesemann D-26209 Hatten

Autorin Gisela Tholema

gisela.tholema@ewe.net

Druck: Bod-Books on Demand, Bookmundo

Cover Sandra Dreyer www.diekunstdermalerei.de

Alle Ähnlichkeiten mit Lebenden und Verstorbenen Personen sind rein zufällig und nicht beabsichtigt.

ISBN: 9789403640907

WIDMUNG

In Dankbarkeit widme ich dieses Buch, an all die Menschen, deren Seelen Erlebnisse ich in meinem Buch verwenden durfte.

In Liebe und Wertschätzung bedanke ich mich bei den Erdgebundenen Seelen. Jede ist auf seine Weise in ihre Heimat zurück gekehrt.

INHALT

Danksagung

An meinen Mann Karl-Heinz für seine Unterstützung im technischen Bereich.

Dank gebührt meiner Schwiegertochter Sandra. Für ihre kreative Arbeit, die Idee und Gestaltung des Cover.

ERDGEBUNDENE SEELEN

Zu Hause

Je weiter sich die Seele von der Erde entfernt umso heller wird das Licht um sie herum. Wenn die Seele sich auf den Ort eingestellt hat, was sie als Heimat sieht, wird ihre Erdhaftigkeit gewandelt.

Nach dem Tod fühlt sich die Seele anders, sie ist nicht mehr im Körper, der über Gehirn und Zentralnervensystem verfügt. Die Orientierungsphasen die wir mit unserem Führer durchlaufen sind von Seele zu Seele verschieden, je nach gelebten Leben. Manchmal sind es Enttäuschungen aus dem vergangen Leben die wir erleiden mussten. Es gibt Seelen die von ihrem physischen Körper verunreinigt wurden und in Übeltaten verwickelt waren. Diese Seelen werden an spezielle Orte gebracht, dort wird ihre Energie umgewandelt, damit sie wieder eins werden kann. Es kann gut sein das sie sich im nächsten Leben als Opfer für Taten anderer zur Verfügung stellt. Es gibt eine Richtschnur in der spirituellen Welt das schlimme Taten die absichtlich oder unabsichtlich begangen wurden in einem nächsten Leben wiedergut gemacht werden müssen. Das eine oder andere Leben war so schwer das die Seele bei der Ankunft in die Geistige Welt sehr müde ist. Diese Seelen bekommen Gelegenheiten um zur Ruhe zukommen bevor sie sich mit ihrer Seelengruppe treffen. Die Rückkehr nach Hause kann ein kurzes Treffen am Tor sein oder die zurückkehrende Seele wird von wartenden Seelen begrüßt. Sie werden mit Freude und viel Liebe empfangen manchmal gibt es ein großes Fest mit Tanz und Gesang.

Die Wiedergeburt ist ein ergreifendes Erlebnis. Es ist ein Planungsvorgang dem die Seele folgt zu einer bestimmten Zeit zu einem bestimmten Ort auf der Erde wieder in ein neues Leben zu kommen. An irgendeinem Punkt vor der Geburt wird die Seele das entwickelte Gehirn des Babys berühren und vollständiger mit ihm zusammenkommen. Dann beginnt die chronologische Zeit für die Seele. Eine alte Seele, die schon viele Leben auf der Erde gelebt hat, kommt erst spät in Verbindung der Schwangerschaft. Eine junge Seele, die noch nicht so viel Erfahrung auf der Erde gesammelt hat, geht früh in den Mutterleib. Nach der Geburt ist es eine Partnerschaft, weil Geist und Fleisch vollständig gefestigt sind. Die unsterbliche Seele wird dann der Sitz der Wahrnehmung für das menschliche Ich.

Ich bin ein Teil des Universums, und das Universum ist ein Teil von mir. Ich bin hier willkommen und trage alles, was ich brauche bereits in mir.

Laura Malina Seiler

SEELENHAFTUNG

Die Erdgebundenen Seelen befinden sich in einem Niemandsland zwischen astraler Ebene der Erde und der geistigen Welt. Sie hat sich entschlossen nach ihrem physischen Tod auf der Erde zu bleiben somit sind sie hier gefangen. Es gibt verschiedene Gründe, die einen möchten ihren Angehörigen trösten, die anderen machen noch mal eine Reise und verabschieden sich von ganz besonderen Menschen die sie in ihrem Leben kennengelernt haben. Und somit verpassen sie ihren Weg nach Hause an den Ort der Liebe. Durch einen plötzlichen Tod einen Unfall oder Ermordung kann die Seele nicht ins Licht gehen hier spricht man von einer verwirrten Seele. Hausbesitzer können nicht gehen weil sie am materiellen Werten hängen. Nachmieter oder Käufer dieses Hauses werden entweder krank oder es gibt eine Trennung. Es ist sein Haus, hier duldet er keine fremde Menschen. Auch ist es ein Aus und Einziehen in den Wohnungen und Häusern. In der geistigen Welt gibt es keinen Ort der Leidens, alle Seelen werden mit Liebe behandelt.

BESUCH BEI MEINEM VATER IN DER GEISTIGEN WELT

Mein Vater verstarb im Jahr 1975 in den frühen Abendstunden. Er erlitt einen Gehirnschlag mit nur 62 Jahren. Für mich unerträglich. In derselben Nacht stand er am Fußende vor meinem Bett und schaute mich traurig an. Ich hatte das Gefühl er wollte nicht ohne mich gehen. Seine Energie war sehr stark.

Im Jahr 1989 war ich zu Besuch in einer Spielbank und sah mir ein Spiel am Tisch an. Nach einiger Zeit wurde mir schwindelig. Ich hatte zu dieser Zeit viele Kreislaufzusammenbrüche, und lief nun zur Treppe um dann nach draußen an die frische Luft zu gelangen. Ich fand mich vor der Treppe am Boden liegend wieder. Ich nahm eine leise Stimme wahr. Sie gehörte zu einem jungen Mann der immer wieder sagte: "Hallo, hallo". Dabei streichelte er meine Wange. Es war ein Schock für mich, ich war wieder in der Realität. In dieser Zeit des Kreislaufzusammenbruchs war ich in der Geistigen Welt. Ich stand einfach da und wusste nicht wo ich war, es war eine unbeschreibliche Energie, auf der linken Seite von mir sah ich eine Art von Abgrund. Auf der rechten Seite war eine lange grüne Hecke. Mir kam sie vor als wäre sie Kilometer lang. Sie war sehr hoch, ich konnte nicht rüber schauen. Ich stand da und fühlte Geborgenheit, es war Stille. Ich war wunderbar eingehüllt, ich glaube es war Glückseligkeit. Ich schaute mir diesen langen Weg an, und dann kam mein Vater von ganz weit hinten aus dieser Hecke heraus gelaufen, blieb kurz stehen, dann lief er auf mich zu. Es sah aus, als wenn er auf Wolken ging und ich merkte, dass ich auch los lief. Es war alles sehr leicht. Auf einmal standen wir uns gegenüber, er sah mir in die Augen und sagte: "Gisela da bist du ja endlich". Dann schloss er mich in seine Arme. Dieses Gefühl von Geborgenheit trage ich heute noch in mir. Nun sah ich seine Hände auf meinem Rücken, sie waren gerade und ihre Fingerspitzen trafen sich nicht. Ich hörte eine Stimme von ganz weit weg. Sie sagte: "Hallo, Hallo, ist alles in Ordnung"? Ich konnte nur leicht mit dem Kopf nicken, war wie gelähmt körperlich und seelisch. Meine Zeit zu gehen war eine andere, ich sollte noch viel erleben, ein schönes Leben auf dem Land mit meiner Liebe, meinem Seelengefährten. Während ich am Laptop sitze und schreibe, laufen mir die Tränen über mein Gesicht diese Begegnung war wunderschön. Mein Vater und ich hatten immer eine schöne Verbindung, ich bin mir sicher, dass wir schon mehrere Leben zusammen gelebt haben, in welcher Konstellation auch immer.

Wir sehen uns wieder.

Ich kam an deine Küste als ein Fremdling.

Ich wohnte in deinem Haus als ein Gast.

Ich verlasse deine Schwelle als ein Freund.

Meine Erde.

RABINDRANATH TAGORE

ANGELIKA

Auch nach langer Krankheit, ist das plötzliche Lösen vom Körper ein Schock für die Seele. Manchmal hat die Seele den Wunsch in Kontakt zum geliebten Menschen zutreten um sie zu trösten, so war es auch bei Angelika, ein paar Tage nach der Beerdigung ihres Mannes. Eines Nachts stand Helmut an ihrem Bett und bedankte sich für ihre Liebe und ihr Vertrauen. Ihr Mann war an Krebs verstorben und hatte seine Beerdigung genau geplant, er hatte alles niedergeschrieben und seine Frau gebeten es so zu gestalten. Wir sind fähig, die Gegenwart der Seelen, geliebter Menschen zu spüren. Seelen erkennen einander durch Schwingungen.

TROST

Wenn ein geliebter Mensch stirbt ist es ein großer Verlust, und es ist eine schwere Prüfung die das Leben uns auferlegt. Man kann es mit einem Theaterstück vergleichen, der Hauptdarsteller ist nicht mehr da, das Drehbuch muss geändert werden, andere Schauspieler übernehmen die zukünftigen Rollen. Der Versuch diese Lücke zu füllen ist schwer. Wenn wir lernen, ruhig nachzudenken und die Selbstzweifel fallenlassen, kann es helfen das der geliebte Mensch zumindest potenziell präsent sein kann. Ein Teil unserer Energie bleibt in der geistigen Welt zurück wenn wir erneut inkarnieren, somit sind Seelengefährten nie getrennt, das ist unser Trost.

ORDENSSCHWESTERN

Petra arbeitet in einer Kinderkrippe, wir kamen ins Gespräch über meine Seelenarbeit. Sie erzählte das in der Küche der Krippe und auch im Vorratsraum immer Dinge wie Töpfe, Vorratsdosen, Besteck und vieles mehr nie an ihrem Platz waren, sie wurden dann in verschiedenen Schränken gefunden, aber niemand hatte sie dort hingestellt. Es waren also Seelen die Spaß daran hatten alles um und weg zu räumen. Daraus konnte ich schließen das es sich um liebliche Seelen handelte, die so Aufmerksamkeit auf sich lenken wollten. So lieblich wie sie waren gingen sie auch ins Licht. Es waren zwei Ordens Schwestern die leise und mit viel Freude nach Hause gingen. Sie haben sich von Petra verabschiedet. In der Küche ging das Licht an und ganz schnell wieder aus, so bedankten sie sich für die Hilfe ihrer Heimkehr.

Der Tod ist Licht nicht Schatten.

WHATSAPP PROTOKOLL

[19:25, 7.8.2019]

Petra: Hallo Gisela, du sag mal kann es sein das bei uns in der Krippe wieder jemand ist? Seit letzte Woche Montag sind immer wieder Fenster offen. Ganz oder auf Kipp. Die Kollegen sagen wir gucken drei mal. Es ist alles zu. Die Putzfrau kommt und sagt die Fenster waren auf. Die macht alles zu. Morgens sind die Fenster wieder auf. Ich bin da ziemlich ratlos. Lg Petra 😘

[21:12, 7.8.2019] Gisela: Hallo Petra kannst du mir die Daten von der Krippe schicken, dann guck ich gleich. Es kann immer sein das jemand Seelen mit bringt. Liebe Grüße Gisela 😘

[21:13, 7.8.2019] Petra: Das ist in der █████ Str. 106

Vielen Dank 😘

[21:50, 7.8.2019] Gisela: Es hielten sich zwei männliche Seelen in der Küche auf. Habe aber nur einen gesehen als ich sie ins Licht brachte. Er war in einer Zimmermannskluft zu sehen ich hoffe sie sind beide gegangen. Liebe Grüße Gisela.

[21:51, 7.8.2019] Petra: Hallo Gisela, vielen Dank😘

IM KINDERGARTEN

Ich traf Petra auf einer Familienfeier. Sie erzählte mir von einem vierjährigen Jungen. Petra sah den Kleinen schon angespannt auf den Flur laufen und wenn er dann den Raum betrat war er sehr aggressiv, er war laut in Sprache und in Taten. Er spielte nicht, er zerstörte die Gegenstände oder er nahm sich einen Stuhl und schob ihn an der Lehne durch den Raum, so heftig das er nicht mehr der kleine Junge war, was sich in seinem kleinen Gesicht widerspiegelte. Petra hatte immer wieder das Gespräch mit seiner Mutter gesucht was sich als schwierig heraus stellte, weil sie mit der deutschen Sprache noch Probleme hatte.

Am nächsten Tag nach meiner Seelen-Arbeit war der Junge wie ausgewechselt. Petra erzählte mir das er wieder mit den anderen Kindern spielte, er war ein ganz anderer Junge, er war fröhlich und ausgeglichen. Es war schön den Kleinen so zusehen. Der Junge hat die Seelen wahr genommen. Kinder können auch sehr ängstlich sein, jedes Kind reagiert anders.

WHATSAPP PROTOKOLL VON RANI

[12:51, 4.1.2019] Rani: Liebe Gisela 😌 wir also eher gesagt Joelle hat wieder Besuch ... ich schicke dir mal die Nachricht die sie mir gestern Nacht geschickt hat.
[12:51, 4.1.2019] Rani: Die Nacht war voll krass der Stand in meinem Schlafzimmer direkt vor der Tür und hat mir 2 mal den Fernseher aus gemacht .. und diesmal konnte ich den komplett erkennen als ob der richtig vor mir steht als er noch am Leben war. Richtig krass😳

[12:51, 4.1.2019] Rani: Ist von Joelle

[13:00, 4.1.2019] Gisela: Bin nicht zuhause melde mich später. Können wir heute Abend oder morgen telefonieren bin morgen den ganzen Tag Zuhause. Liebe Grüße Gisela

[13:00, 4.1.2019] Gisela: Dann kann ich auch helfen.

[13:01, 4.1.2019] Rani: Okay Gisela 😘 schick dir schon mal die Adresse.

[13:01, 4.1.2019] Rani: ...... Köln 1. Etage rechts

[13:03, 4.1.2019] Gisela: Ja vielen Dank wenn ich wieder zuhause bin schau ich gleich nach

[13:04, 4.1.2019] Rani: Kein Stress Joelle ist seit dem 29.12. in der Wohnung, gerade frisch eingezogen .

[13:07, 4.1.2019] Gisela: Joelle hat die Seele so stark gesehen

[13:08, 4.1.2019] Rani: Ja auch schon seit der ersten Nacht vom 29.12. auf den 30.12. er hat sich direkt bemerkbar gemacht. Ach männlich ganz klar.

[13:09, 4.1.2019] Rani: Joelle sind die Seelen immer so extrem

[13:09, 4.1.2019] Rani: Sieht

[13:10, 4.1.2019] Gisela: Das ist ja Wahnsinn

[13:11, 4.1.2019] Rani: Ja und Geräusche, Dinge umwerfen usw. sind bei ihr auch immer gewesen bisher

[13:12, 4.1.2019] Gisela: Ich kümmere mich .

[13:12, 4.1.2019] Rani: 😘

[13:13, 4.1.2019] Gisela: Gerne 😘

[20:07, 4.1.2019] Gisela: Es war eine männliche Seele im Flur. Es ist jetzt alles gut. Liebe Grüße Gisela 😘

[20:09, 4.1.2019] Rani: Danke dir liebe Gisela 😘

[20:09, 4.1.2019] Rani: War er was älter ?

[20:11, 4.1.2019] Gisela: Kann ich nicht sagen habe gleich mit Erzengel Michael begonnen die Seele ins Licht zu bringen.

[20:12, 4.1.2019] Rani: Ah okay

[20:13, 4.1.2019] Gisela: Liebe Grüße an Joelle jetzt kann sie wieder gut leben.

[20:15, 4.1.2019] Rani: Ja ich soll auch Danke sagen und sie freut sich schon so auf dein Buch 😘

[20:23, 4.1.2019] Gisela: Ja sie kommen am 11. Januar

[20:35, 4.1.2019] Gisela: Die beiden Bücher für Euch gebe ich Sigrid am 14. Januar. Liebe Grüße Gisela

[20:36, 4.1.2019] Rani: Oh wie toll 😊 ich bin auch schon ganz gespannt 🤗🥰

[20:37, 4.1.2019] Gisela: Bin auch gespannt wie es euch gefällt.

[20:39, 4.1.2019] Rani: Ich fahre am 15.01. hoch für zwei Tage zu Mamis Geburtstag mit dem Zug 😊 dann nehme ich die zwei Bücher mit 🤗

[21:10, 4.1.2019] Gisela: Ja super dann könnt ihr ja schon bald lesen 📖😘

[21:10, 4.1.2019] Rani: Ganz genau 😘

[18:29, 21.1.2019] Rani: Dein Buch liest sich sehr gut 😊 habe aus Neugier erstmal unsere Geschichten gelesen , die Reiki Geschichte sehr interessant und die verschiedenen Erzengel 🤗

[18:50, 21.1.2019] Gisela: Vielen lieben Dank liebe Rani

MAILANFRAGE

Ich habe mit Freude Ihr Buch „Licht und Liebe“ gelesen. Ich kann es nur weiterempfehlen. Aus dem Buch resultierend, habe ich ein paar Fragen. Könnten Sie mir mit Ihrer Gabe auch helfen, geht es auch aus der Ferne? Anfang der 90 er Jahre habe ich mir ein Haus gebaut, es waren immer gute Energien vorhanden. Die Menschen kamen gerne und lange zu mir. Wie man so schön sagt „Sie hatten Sitzfleisch“. Ich habe mich immer pudelwohl gefühlt, oft auch ein Glücksgefühl im Bauch. Von 2001 bis 2003 hatte ich mein Haus vermietet. Während der Vermietung bemerkte ich bei meinen Besuchen die ersten Veränderungen. Als ich mein Haus wieder bezogen habe, kamen meine Freunde seltener und blieben nur eine kurze Zeit. Sie kamen fröhlich an und nach einiger Zeit sackten sie so langsam zusammen. Die zehnjährige Tochter meiner Freundin wurde immer stiller. Eines Tages sagte sie zu ihrer Mama: „Martinas Haus ist ganz traurig.“ Auch mir geht es so ähnlich, außerhalb geht es mir gut, nur im Haus verändern sich meine Gedanken. Sie gehen ins Negative, ich schimpfe, denke negativ über Andere, es gibt keinen Anlass dazu. Habe Magenschmerzen, keinen Antrieb, Lustlosigkeit etc. Meine Hoffnung ist, dass Sie mir vielleicht helfen können. Geht das auch aus der Ferne?

Vielleicht können Sie mir antworten, ich wäre Ihnen sehr dankbar und lege meine Tel. Nr. dazu. Mit lieben Grüßen

Martina F.

Hallo Martina F.
habe gerade erst ihre Mail gelesen. Alles was Sie schreiben passt, dass sich Erdgebundene Seelen im Haus befinden. Ich würde sie morgen gegen 14 Uhr anrufen um alles zu besprechen. Falls ihnen der Termin nicht passt, nennen sie mir einen anderen. Liebe Grüße Gisela Tholema

Hallo Frau Tholema, über Ihre schnelle Antwort freue ich mich sehr und 14:00 Uhr passt super. Bis nachher. LG Martina F.

Hallo Martina F.
Es befanden sich zwei männliche Seelen im Haus. Sie hielten sich im Meditations Raum auf. Ich sah einen großen schlanken Mann. Er trug einen schwarzen Anzug. Er ging sehr langsam. Immer wieder blieb er stehen, es schien mir als ob er auf jemanden wartete. Nach einiger Zeit des Wartens ging die Seele ins Licht, sie war für mich nicht mehr sichtbar.
Liebe Grüße Gisela Tholema

Hallo Frau Tholema,
meine Energien in meinem Haus haben sich bis ca. 90 % verbessert. Es geht mir entschieden besser. Ich möchte Sie aber bitten, nochmal zu schauen. Genau beschreiben kann ich es aber nicht, habe aber das Gefühl, dass irgendetwas noch nicht richtig ist. Ich habe auch hinter meinen Meditationsraum noch ein geschlossenes Carport und neben der Küche auch noch ein kleinen Vorrat. Auch ist mein Haus komplett unterkellert. Können sich auch Seelen in meinem Garten aufhalten?

Liebe Grüße Martina F.

Hallo Martina F.
habe gerade ihre Mail gelesen. Ja Seelen können sich auch im Garten aufhalten. Werde noch mal schauen ob sich im Garten

oder in den Räumen jemand aufhält. Fahre aber jetzt nach Wilhelmshaven und bin spät wieder Zuhause, werde mich gleich morgen kümmern.

Liebe Grüße Gisela Tholema

Hallo Martina F.
Im Garten als auch im Carport hielt die Seele sich nicht auf. Die männliche Seele war im Vorratsraum. Sie war sehr ängstlich, ich musste ganz behutsam sein, um sie nach Hause zu bringen. Ganz langsam lief der kleine grau haarige Mann ins Licht.

OSTERKARTE VON MARTINA F.

7.4.19 Hallo Fr. Wesemann
seit der zweiten Reinigung
ist mein Haus wieder „frei".
Wir können wieder durchatmen.
Durch mein Haus zu gehen u.
zu spüren, ich bin wieder allein
ist schon sehr angenehm. Ich hatte
immer das Gefühl, mich erdrückt
einer.

Vielen, lieben Dank und ein
schönes Osterfest

Eine Kleinigkeit aus
unserer Region.!!

Martina [redacted]

Lieben Dank!!

8 717185 563122

Marjan van Zeyl
Nr. 312 – Paaseieren / Easter eggs

international design
Telefoon/Fax 040-2856429, Holland
www.marjanvanzeyl.nl
info@marjanvanzeyl.nl

ANNE UND IHRE OMA

Anne hatte ein langes Gespräch mit ihrer Freundin Thresia. Sie erzählte von ihren Problemen. Sie konnte sie aber nicht richtig beschreiben. Manchmal bin ich übermüdet, gereizt oder die innerliche Frage: „Was mach ich hier?“ Thresia erzählte von mir und gab Anne meine Daten. Während ich die Seele ins Licht brachte, sah ich eine kleine stämmige alte Frau, die wie mir schien, fest im Leben gestanden hatte. Ich erzählte Anne davon und fragte ob es ihre Oma sein könnte. Sie sagte: „Nein, meine Oma war vor ihrem Tod sehr krank und hat viel an Gewicht verloren.“ Nach einer Weile sagte sie ganz entsetzt: „Meine andere Oma die war Bäuerin und sehr kraftvoll aber die ist schon 1989 verstorben“. Solange war sie bei Anne. Jetzt konnte sie sich bei ihrer Enkelin bemerkbar machen. Die Hilfe war das Gespräch mit ihrer Freundin Thresia.

Die Wege sind vorgegeben.

SKI URLAUB

Anke, meine langjährige Bekannte, rief mich an und erzählte mir das sie sich Sorgen um ihre Tochter Sabrina machte. Sie hatte ihr aus ihrem Ski Urlaub geschrieben, dass sie Heimweh hat. Auch konnte sie liebevolle Umarmungen von ihrem Freund nicht ertragen. Die beiden weiblichen Seelen haben sich auf ihr Herz Chakra gesetzt, dadurch bekam sie Herzrasen. Sabrina lag ganz entspannt auf meiner Reiki Bank. Die zwei weiblichen Seelen gingen mit viel Freude, es waren junge Frauen aus den 50 er Jahren in schönen Kleidern mit Petticoats. Sabrina hat sie gespürt als sie gegangen sind, sie hatte ein Kribbeln in ihren Händen.

Das Herz-Chakra bildet die Brücke zwischen dem Irdischen und dem Göttlichen.

PENDEL

Christian kam zum Reiki Termin. Er war mit seiner Energie am untersten Wert. Ich fühle mich auch so, bin total ausgelaugt. An seiner Person befanden sich keine Erdgebundenen Seelen. Die drei männlichen Seelen hielten sich in seinem Schlafzimmer auf. Die Seelen brauchen unsere Energie um zu überleben. Auch wird Energie aus Häusern und Wohnungen gezogen. Obwohl ich mich gut aufgestellt hatte wurde mein Körper nach vorne und dann wieder nach hinten gedrückt. Nach einer ganzen Weile sah ich das helle Licht und ich wusste sie nun Zuhause. Christian und ich trafen uns in seinem Wohnzimmer wieder. Seine ersten Worte waren: „Sie sind weg.“ Ich antwortete: „Ja“. Er sagte: „ich habe gependelt und das Pendel zeigt Null an, also sind sie im Licht. Ich war verblüfft weil es für mich neu war das er pendelt, er hatte sich die Zahlen von 0 bis 10 aufgeschrieben und sein Pendel ist bei null stehen geblieben.

STEREO ANLAGE

Der Mann von Marion hatte seine alte Stereo Anlage aus dem Haus seiner verstorbenen Mutter mit nach Hause gebracht. Marions Tochter war wegen einer Erkältung zu Hause geblieben. Da sie nun allein im Haus war, setzte sie sich im Flur an ihr Klavier und wollte anfangen zuspielen, als die Tür vom kleinen Wohnzimmer zu knallte. Sie erschrak, stand auf und schaute nach was passiert sein könnte. Alle Fenster auch die von einem gegenüber liegenden Raum waren geschlossen.

Tage später

Die beiden Kinder von Marion sahen sich einen Film an. Immer wieder ging der Fernseher aus und nach kurzer Zeit wieder an. Sie waren sehr genervt, sie hatten die Fernbedienung auf einen Beistelltisch gelegt. Darum dachten sie, es ist ein technisches Problem. Auch so können Erdgebundene Seelen auf sich aufmerksam machen. Sie haben sich an die Stereo Anlage gehaftet um ins Haus zukommen. Die Seelen haben ihre ganze Aufmerksamkeit auf die Tochter gelenkt um endlich nach Hause gehen zu können. Es hielten sich zwei männliche Erdgebundene Seelen im Wohnzimmer auf, es dauerte eine ganze Zeit bis sie mir vertrauten und gingen langsam ins Licht.

Seelenerlebnis von Marion aus meinem ersten Buch Licht und Liebe.

Der Einkauf

Nach meiner Physiotherapie fuhr ich in den Ort um meine Einkäufe zu erledigen. Dort traf ich meine Bekannte aus dem Nachbarort. „Oh Gisela, dass ich dich hier treffe, wollte dich schon anrufen. Mir geht es nicht gut. „Was hast du denn“? „Wenn ich das wüsste.“ Marion und ich kennen uns seit 2014. Bei unseren Unterhaltungen geht es auch immer um Seelen. Dass ich sie nun hier beim Einkauf traf, war kein Zufall. Sie erzählte, dass sie schon am Morgen ganz früh alles erledigen wollte, aber zu Hause sich mit diesem und jenem aufgehalten hätte. Die Seele, die sich in ihrer Küche aufhielt, wollte, dass Marion und ich uns treffen. „Ich habe keine Energie mehr und wie ich mich fühle, das kann ich nicht beschreiben. „Vielleicht ist es eine Erdgebundene Seele, entweder bei dir am Körper oder in deinem Haus.“ Ich machte mich auf den Weg nach Hause um Klarheit zu bekommen. Wir waren so verblieben, dass ich sie anrufen würde. „Es befindet sich eine erdgebundene männliche Seele in deiner Küche“. „Ich hab‘s geahnt“, sagte sie.“ Bin gleich bei dir, bevor die Kinder aus der Schule kommen.“ Die Seele hatte sich schon gut vorbereitet, bedankte sich von ganzen Herzen. Sie ging mit viel Lebendigkeit ins Licht. Am nächsten Vormittag stand Marion mit einem großen Blumenstrauß vor meiner Tür. „Heute Morgen habe ich lange in meiner Küche gesessen, es war einfach schön, ich fühle mich so gut. Ich möchte mich mit dem Blumenstrauß noch mal bei dir bedanken.“

SCHWESTER

[07:51, 29.5.2019] Christian: Guten Morgen Gisela,

meine Schwester ist seit letzter Woche zu Besuch. Ich würde Ihr gerne mal eine Reiki Wohlfühl-Stunde bei dir schenken. Wann wäre es Zeitlich bei dir möglich. Sie wird bis Montag wohl hier sein.

Und könntest du bitte checken ob das Haus bzw. ich noch Ohne fremde Seelen sind.

Glg und happy Day 🏵

Christian 😘

[09:45, 29.5.2019] Gisela : Hallo CHRISTIAN am Samstag um 14 Uhr könnte deine Schwester zum Reiki kommen. In deinem Haus und bei dir gucke ich melde mich später bei dir Liebe Grüße Gisela 😘

[10:40, 29.5.2019] Gisela: Bei dir und im Haus alles ok keine Erdgebundenen Seelen. Kannst du mir den Namen von deiner Schwester schreiben brauche ich zum auspendeln der Essenzen. Liebe Grüße Gisela

[10:42, 29.5.2019] Christian: Monika ist jetzt im [redacted] Weg

[10:42, 29.5.2019] Christian: Super Danke 🙏

[10:42, 29.5.2019] Gisela : Gerne 😘

Christian hat die Seelen schon gespürt oder eine Ahnung gehabt als er mir diese WhatsApp Nachricht geschickt hat.

Es waren zwei weibliche Erdgebundene Seelen die sich während der Reiki Behandlung an meiner Person gehangen haben um endlich nach Hause zu kommen. Das ist wieder ein Zufall, der keiner war. Christians Schwester aus Berlin kommt zum Reiki, dieser Weg war das Licht für die Seelen.

Die beiden weiblichen Seelen machten sich in der Nacht von Samstag auf Sonntag bemerkbar. Ich hatte einen Traum der auch mit Wirklichkeit verbunden war. Mein Mann und ich lagen im Bett. Der Raum war sehr groß und dunkel, unser Bett stand an einem kleinen Fenster. In der Mitte des Raumes stand ein großer langer brauner Tisch ohne Stühle. Aus dem Nebenzimmer hörte ich leise Stimmen. Dann wurde ich aus dem Bett gezogen, und durch einen langen Flur geschliffen. Plötzlich wurde ich wach und spürte eine negative Energie in meinen Hüften. Während ich die Seelen an den Ort der Liebe brachte, spürte ich, dass sich die negative Energie in den Hüften langsam in positive umwandelte.

Nach Hause zu kommen ist ein freudevolles Zwischenspiel.

BESUCH VON OMA

Meine langjährige Freundin erzählte mir, dass die Oma von ihrem Freund verstorben sei. Enkel und Oma hatten immer eine starke Verbindung und somit besuchte die Oma auf dem Weg zu ihrem Nachhause ihren Enkel. Da sie seit langer Zeit krank war hatte sie das neugebaute Haus noch nicht gesehen. Sie wollte sich von ihrem Enkel verabschieden. Oma machte auf sich aufmerksam, indem sie immer wieder den Fernseher an und ausstellte. Dieses bemerkte nur meine Freundin und fragte mich: „Ob es sein könnte das die Seele von der Oma in unserem Haus ist?“

Ich versprach nach zu schauen und tatsächlich war sie da. Ich sah eine mittelgroße etwas stämmige Frau mit grauem gelocktem Haar, sie lief sehr schlecht. Meine Freundin erzählte mir bei unserem Gespräch, dass die Oma zweimal an der Hüfte operiert wurde. Seitdem hatte sie einen schiefen Gang. „Ich bekomme Gänsehaut was du mir erzählst,“ sagte meine Freundin. „Ja das war Oma.“

Die Oma hat sich mit dem Besuch bei ihrem Enkel eine Freude gemacht. Sie ging zufrieden ihren Weg ins Licht.

NEUE BESITZER

Im Mai 2019 hatte ich einen Termin in einem Restaurant, es hielten sich drei männliche Seelen dort auf. Die junge Frau und ihr Lebensgefährte hatten dieses Lokal erst im März erworben. Die Vorbesitzer erzählten, das es „spukt“. Sogar einige Stammgäste bemerkten, dass im Lokal etwas nicht stimmt. Die Freundin der Besitzerin trifft sich einmal im Monat zum Mädels Abend und erzählte von den Vorkommnissen. Zu diesen Treffen gehört auch die Mama von der kleinen Amira, wo ich im Oktober 2018 eine männliche Seele, die sich in Amiras Zimmer aufhielt, ins Licht geleitet habe. Die Geschichte von der kleinen Amira, aus meinem ersten Buch „Der Mann mit Bart“, kann man hinter diesem Beitrag noch einmal lesen. So kamen sie auf das Thema Erdgebundene Seelen und die Mama von Amira erzählte von mir. Das war die Verbindung zu der jungen Frau, der Restaurantbesitzerin. Sie rief mich an und erzählte mir das häufig die Kassen ausfielen. Wenn Geschäftszahlen in den PC eingegeben wurden warf der Drucker ein anderes Ergebnis aus. Jeden Morgen wenn sie ins Restaurant kamen, war es hell erleuchtet obwohl sie am Abend das Licht ausgeschaltet hatten. Es befanden sich drei männliche Seelen im Restaurant. Schon beim Betreten des Raumes spürte ich eine sehr starke negative Energie, sie waren sehr präsent. Ich spürte sie an meinem Körper. Leise sprach ich zu ihnen um sie auf den Weg ins Licht vorzubereiten. Ein paar Wochen später habe ich erfahren das sich alles wieder normalisiert hat, auch die Mitarbeiter verstehen sich jetzt besser.

Menschen werden negativ von den Erdgebundenen Seelen beeinflusst.

DER MANN MIT BART

Thresia rief mich an. Ihre Bekannte hatte ihr erzählt, dass ihre dreijährige Tochter Amira nachts in ihrem Zimmer einen Mann mit Bart gesehen hat. Die Familie ist erst im Juni 2018 in ihr neues Haus eingezogen. Die ersten Wochen haben sie ihre Tochter mit ins Elternschlafzimmer genommen. Amira sollte sich langsam an die neue Umgebung gewöhnen. Nach ein paar Wochen bezog sie ihr Zimmer. Schon nach ein paar Tagen wachte sie schreiend in der Nacht auf. „Da ist ein Mann mit Bart“. So ging es viele Nächte. Ihre Eltern nahmen sie dann mit ins Schlafzimmer. Auch am Tag mochte sie nicht in ihr Zimmer gehen, sie weinte viel und hatte panische Angst, sie spielte dann lieber im Wohnzimmer. Ihr Papa hatte eine Idee. Wir suchen den Mann mit Bart, doch wo sie auch schauten, unter ihrem Bett, im Schrank, unter ihre Kommode, er war nirgends zu sehen. Wir hatten unseren Termin an einem Freitag. Zwei Tage zuvor, am Mittwochabend waren Amira und ihre Mama im Wohnzimmer. Amira rief: „Der Mann mit dem Bart ist wieder da, er steht auf der Terrasse.“ Schnell zog ihre Mama alle Jalousien ganz hoch. Amira sagte: „Mama, da steht er.“ „Wo denn?“ fragte ihre Mama. „Na da, da steht er doch.“ Amira zeigte zur Terrasse.

Nur Amira sollte die Seele sehen, sie hat sich von ihr verabschiedet. Die männliche Seele wollte Amira in der Nacht nicht mehr erschrecken. Erdgebundene Seelen kennen die Zeit wenn es nach Hause geht. Die Seele ging mit einem Lächeln zu dem Ort des Friedens. Kinder haben viel Fantasie, doch sollte man sie ernst nehmen. Ein gutes Beispiel sind die Eltern von Amira.

Eine der bezauberndsten Geschichten um Gabriel gilt seiner Rolle als „Erzengel der Geburt.“ Sorgfältig wählt Gabriel die Seelen im Himmel aus, die geboren werden sollen. Er unterweist das ungeborene Kind in seiner Aufgabe während seiner körperlichen Inkarnation und lässt es schwören, dieses Wissen geheim zu halten. Das Schweigegebot wird noch verstärkt, weil Gabriel einen Finger auf die Lippen des Babys drückt. So entsteht das Grübchen unter der Nase.

Joelle

[16:42, 2.2.2020] Gisela: Hallo liebe Rani nun muss ich doch nochmal fragen ob Joelle in der ████████ wohnt.

Danke im Voraus.😘

[17:55, 2.2.2020] Rani: 1. rechts 😘

[18:14, 2.2.2020] Gisela: Vielen Dank liebe Rani [18:14, 2.2.2020] Gisela: 😘 [17:18, 3.2.2020] Gisela: Hallo liebe Rani die Seele ist im Licht es war der Vormieter jetzt hat er seinen Frieden. Die Wohnung hat jetzt einen energetischen Wert von 19 Tausend vorher war sie unter 500. Liebe Grüße an Joelle. Sie hat mir gestern erzählt das er im Schlafzimmer war und was er getragen hat habe leider nur ein Hemd behalten könntest du Joelle noch mal fragen. Vielen Dank. Es ist für mein Buch. Liebe Grüße Gisela drück euch.😘 [17:20, 3.2.2020] Rani: Hallo liebe Gisela, das ist ja super 👍 ich schick ihr deine Nachricht und dann wird sie mir bestimmt mehr dazu sagen können 😊 und danke das du den Seelen immer hilfst und uns 😘😘😘 liebe Grüße an Kalle

[18:10, 3.2.2020] Gisela: 😘

[16:35, 4.2.2020] Rani: Er hat eine Mütze auf und ein dunkles kariertes Hemd an . Das hat Jöllchen mir geschrieben 😊

[16:37, 4.2.2020] Gisela: Vielen Dank liebe Rani liebe Grüße

[17:25, 4.2.2020] Rani: Gerne 😘😘😘

Joelle ist in eine Wohnung gezogen wo zuvor ein Ehepaar lebte der Mann ist dort verstorben, und seine Frau musste ins Pflegeheim. Nach ihrem Einzug war es erstmal ruhig. Nach ein paar Wochen hörte sie einige Geräusche die sie nicht orten konnte. Eines Abends stand eine männliche Seele in ihrem Schlafzimmer. Joelle hat die Seele nur sehr schwammig gesehen.

KRANKENSCHWESTER

In einem nicht mehr bewohnten Ferienhaus hielt sich eine weibliche Seele auf, ich brachte sie ins Licht.

In derselben Nacht sah ich oben in der Ecke, wo sich Wand und Decke treffen, einen ganz steilen Aufgang mit dunklen großen Steinen. Nach oben war alles sehr verschwommen. Es war sehr beschwerlich die Treppe zu besteigen, ich musste ein paarmal innehalten. Endlich oben angekommen war die dunkelbraune Tür verschlossen. Jetzt sah ich mich in meinem Bett und schaute nach oben in die Ecke, es kam eine junge Krankenschwester ganz leicht füßig die dunkle Treppe herunter. Sie trug ein dunkelblaues Kleid mit einer weißen Schürze und einer weißen Haube. Ich sah sie an der Decke und dann im Schlafzimmer ungefähr in der Mitte des Raumes an mir vorbei gehen. Es schien mir so, als ob sie auf einer Treppe, die für mich unsichtbar war, weiter lief. Sie lächelte mich an, bis sie ganz verschwand. Die weibliche Seele bedankte sich bei mir indem sie sich für mich sichtbar machte. Sie war nun frei, sie konnte endlich den Heimweg antreten.

Du bist Gast

Hinterlasse diese Welt,
ein bisschen schöner,
ein bisschen humaner,
ein bisschen liebevoller,
ein bisschen duftiger,
für die Unbekannten Gäste , die dir noch folgen. *Unbekannt*

STRAND

Es rief mich eine Frau an, sie hatte mein Buch „Licht und Liebe“ gelesen, und machte sich Sorgen um ihren Bruder. Seine Frau verstarb ganz plötzlich. Sie hat ihn nie verlassen. Sie war als Seele sehr dominant. Das waren seine Schmerzen die unerträglich wurden das er in Frührente gehen musste.

Als ich sie ins Licht leitete ging sie am Strand entlang dem Licht entgegen, ihre Füße berührten das Wasser. Ihr blaues Kleid umspielten ihre Knie, ihre braunen lockigen halblangen Haare wehten leicht im Wind. Sie hatte keine Schuhe dabei. Sie verschwand ganz langsam aus meinem Blickfeld, jetzt wusste ich sie Zuhause.

Die Seelen befinden sich in einem Niemandsland zwischen astraler und der geistigen Welt. Sie entschlossen sich nach ihrem physischen Tod eine Zeitlang in der Ebene der Erde zu bleiben. Die Erdgebundenen Seelen sind somit gefangen und können nicht selbstständig ins Licht gehen.

UNFALL

Anne, meine ehemalige Kollegin rief an, weil ihr Drucker, defekt war. Ihr Neffe, der für eine Woche zu Besuch war, hatte schon versucht ihn zu reparieren. Sie brauchte dieses Gerät um die voraus gezahlten Arztrechnungen zu kopieren und zu drucken. Mein Mann ließ sich von Anne die Type und den Hersteller nennen um sich zu informieren ob man für dieses Gerät noch Ersatzteile kaufen kann. Dies war nicht der Fall. Also fuhren wir zu Anne und Gerd um ein neues Gerät zu kaufen. Als der neue Drucker angeschlossen war saßen wir noch gemütlich beim Kaffee zusammen. Anne bat meinem Mann das alte Gerät mitzunehmen, da sie keine Möglichkeit hatte es zu entsorgen. Wir verstauten den Drucker im Kofferraum. Gegen 17 Uhr machten wir uns auf den Weg nach Hause, es sollte aber anders kommen wie gedacht. Nach einiger Zeit auf der Autobahn sollten wir in einen Unfall verwickelt werden. Die Autos vor uns auf der rechten Seite fuhren etwas langsamer auf der linken Seite wurde das Tempo nicht gedrosselt. Mein Mann hatte keine Möglichkeit nach links auszuweichen, plötzlich lagen Pakete auf der Autobahn. Wir wichen rechts auf den Standstreifen aus, nach uns fuhren drei Autos in die Pakete, alles flog durch die Gegend. Etliche Autos waren beschädigt, auch unser Auto gehörte dazu. Als die Polizei dann vor Ort war stellte sich heraus, dass es sich um ein Sofa handelte das auf einem Anhänger nicht richtig gesichert war. Nachdem wir nach diesem Schrecken endlich zu Hause waren wollte sich mein Mann den Drucker noch einmal an schauen. Als er das Gerät ins Haus bringen wollte hatte ich ein negatives Gefühl. Der Drucker blieb im Auto. Am nächsten Tag, als ich zur Physiotherapie mit dem Auto fahren wollte, hatte ich das Bedürfnis den Drucker in die Werkstatt meines Mannes zu stellen.

Am Nachmittag ging ich in die Werkstatt meines Mannes. Ich hatte ein negatives Gefühl, wenn ich mich in der Nähe vom Drucker aufhielt. Nach einer Weile spürte ich, die Erdgebundenen Seelen am Drucker. Es befanden sich drei männliche Seelen am Gerät. Bei diesem Unfall sollten keine Personen zu Schaden kommen. Die Seelen haben alles organisiert das der Neffe den Drucker nicht reparieren konnte und somit kam die Verbindung zu uns. Später haben sie sich durch den Unfall aufmerksam gemacht. Und so waren wir eine Hilfe für Anne und Gerd und für die Seelen die mit meiner Energie nach Hause gehen konnten.

Alles, was uns umgibt.

Alles, was wir unwissentlich streifen.

Alles, was wir berühren, ohne es zu spüren.

Alles, was wir kennen lernen, ohne es zu merken.

Hat auf uns prompte überraschende und unerklärliche Auswirkungen.

Guy de Maupassant

MARIANNE

Die ältere Dame schläft in der Küche. Es wurde seit drei Wochen immer wieder an ihrer Haustür geklingelt. Die Klingel hat drei verschiedene Töne. Die Seelen machen sich dadurch aufmerksam, dass sie immer einen anderen Ton wählen. Die Dame bekam Angst weil auch in einer Nacht der Name Marianne in ihr Ohr gerufen wurde. Wir hatten gleich am nächsten Tag den Termin. Die beiden männlichen Seelen hielten sich in der Küche auf, es war leicht sie ins Licht zu leiten, sie bedankten sich mit einem kleinen spürbaren Luftzug.

Die ältere Dame hatte durch ihre Nichte Kontakt zu mir aufgenommen. In meinem ersten Buch habe ich einige Seelen Erlebnisse von 2018 aufgeschrieben. Ihr Sohn hatte schon eine Kamera an der Haustür installiert um zu sehen wer in der Nacht an der Haustür klingelte. Aber es war nichts sichtbar. Auch ihr Gärtner hielt manchmal Nachtwache auf ihrem Grundstück, auch das war erfolglos. Manchmal klopfte es auch an der Hintertür oder in der Nacht klingelt das Telefon. Es hielten sich englische Soldaten aus dem zweiten Weltkrieg in ihrem Haus und auf der Straße vor ihrem Haus auf. Ich brachte sie ins Licht. Sie waren so dankbar, es war sehr emotional für mich und ich hatte sie noch lange in Gedanken bei mir. Die Seelen sind mit viel Liebe empfangen worden.

GÄRTNERIN

Mein Mann und ich hatten einen Termin mit einer Gärtnerin, da wir auf einem Grundstück leben der einen Waldbestand hat. Wir wollten ein paar Beete um unser Haus anlegen. Eine Gärtnerin sollte uns beraten welche Blumen und Sträucher wir anlegen könnten. Sie hatte viele interessante Ideen, wofür wir sehr dankbar waren. Sie verabschiedete sich von uns mit einem Handschlag. Wenig später wurde mir schlecht. Ich hatte einen Schwindelanfall. Durch diese Verabschiedung hatten sich drei männliche Erdgebundene Seelen an meinen Körper gehangen. Sie konnten durch meine Person endlich ins Licht gehen, ich ging in die Stille und brachte sie nach Hause.

Ich sah einen Mann mittelgroß in einem schwarzen Anzug, seine rechte Hand war in der Hosentasche, er trug einen schwarzen Hut mit Krempe. Er lief langsam ins Licht, die anderen Seelen habe ich nur ganz groß und schwarz als Schatten gesehen. Ich sprach leise zu ihnen, dass sie keine Angst vor Bestrafungen haben müssen weil sie zu spät nach Hause kommen. „Ihr seid in Freiheit und eure Lieben die voran gegangen sind empfangen euch.“ Dann ging mein Oberkörper hin und her, ich sprach wieder zu den Seelen, dass Licht und Liebe auf sie warten, doch es passierte nichts.

Ich hatte keine Kontrolle mehr über meinen Oberkörper und fing an zu summen und dann begaben sie sich ganz langsam auf ihre Reise.

MEINE SEELE HAT ES EILIG

Von Mario de Andrade

Ich habe meine Jahre gezählt und festgestellt, dass ich weniger Zeit habe, zu leben, als ich bisher gelebt habe. Ich fühle mich wie dieses Kind, das eine Schachtel Bonbons gewonnen hat: die ersten essen sie mit Vergnügen, aber als es merkt, dass nur noch wenige übrig waren, begann es, sie wirklich zu genießen. Ich habe keine Zeit für endlose Konferenzen, bei denen die Statuten, Regeln, Verfahren und internen Vorschriften besprochen werden, in dem Wissen, dass nichts erreicht wird. Ich habe keine Zeit mehr, absurde Menschen zu ertragen, die ungeachtet ihres Alters nicht gewachsen sind. Ich habe keine Zeit mehr, mit Mittelmäßigkeit zu kämpfen. Ich will nicht in Besprechungen sein, in denen aufgeblasene Egos aufmarschieren. Ich vertrage keine Manipulierer und Opportunisten. Mich stören die Neider, die versuchen, Fähigere in Verruf zu bringen um sich ihrer Positionen, Talente und Erfolge zu bemächtigen. Meine Zeit ist zu kurz um Überschriften zu diskutieren. Ich will das Wesentliche, denn meine Seele ist in Eile. Ohne viele Süßigkeiten in der Packung. Ich möchte mit Menschen leben, die sehr menschlich sind. Menschen, die über ihre Fehler lachen können, die sich nichts auf ihre Erfolge einbilden. Die sich nicht vorzeitig berufen fühlen und die nicht vor ihrer Verantwortung fliehen. Die die menschliche Würde verteidigen und die nur an der Seite der Wahrheit und Rechtschaffenheit gehen möchten. Es ist das, was das Leben lebenswert macht.

Ich möchte mich mit Menschen umgeben, die es verstehen, die Herzen anderer zu berühren. Menschen, die durch die harten

Schläge des Lebens lernten, durch sanfte Berührungen der Seele zu wachsen. Ja, ich habe es eilig, ich habe es eilig, mit der Intensität zu leben, die nur die Reife geben kann. Ich versuche, keine der Süßigkeiten, die mir noch bleiben, zu verschwenden. Ich bin mir sicher, dass sie köstlicher sein werden, als die, die ich bereits gegessen habe. Mein Ziel ist es, das Ende zufrieden zu erreichen, in Frieden mit mir, meinen Lieben und meinem Gewissen.

Mario de Andrade (San Paolo 1893 – 1945)

Brasilianischer Dichter

DUFT

Die vier Seelen die sich im Schlafzimmer von Christian aufhielten gingen sehr gemütlich nach Hause. Mit einem leichten Händedruck auf meinen Rücken verabschiedete sich eine Seele von mir. Es war ein wunderbares Gefühl, so zeigte er mir seine Dankbarkeit. Als ich bei Christian war, erzählte er mir das seine Schrank Schiebetür am Abend immer auf stand obwohl er sie morgens immer schließt. Dann hatte er die Idee, morgens wenn er sie schloss immer zusagen: "Ich schließe die Tür." Am Abend war sie wieder auf, das sind die kleinen Spielchen die die Seelen gerne machen um Aufmerksamkeit zu erhalten. Für ein paar Tage war Ruhe eingekehrt.

Einige Tage später

Christian kam von der Arbeit nach Hause. Schon im Flur roch es sehr stark nach seinem Deo. Er ging ins Badezimmer, es war nicht auszuhalten. Schnell öffnet er das Fenster um zu lüften. Der Gestank war penetrant. Er schaute in die Schublade ob er die Deo Dose so reingelegt hatte, dass sie sich selbst auslösen konnte, dem war nicht so. Die Seelen hatten die Deo Dose leer gesprüht.

ICH BIN WIEDER DA

Die junge Frau lag auf meiner Behandlungsbank und lächelte mich an, ich konnte meine Tränen nicht zurückhalten.

Meine Schwiegertochter Sandra lernte durch ihren Sport eine junge Frau kennen, sie waren sich gleich sympathisch und daraus wurde eine Freundschaft. Eines Tages bei einem Treffen der beiden Frauen brach es bei Nadja heraus, seit vielen Jahren hatte sie schlechte Träume. Es fing an als sie mit ihrem Freund ein Haus baute. Die Seelen waren schon vorher da und haben sich an Nadja gehangen, sich in ihren Träumen gezeigt. Ich habe oft schlechte Träume und immer finde ich Kinderleichen. Und grundsätzlich wenn ich irgendwo reingucke oder um die Ecke schaue, sie sind überall. Ich habe ein Bild vor mir, ich stehe auf einem Weg ringsum grüne Wiesen und rechts Palisadenelemente und immer dahinter unterm Rasen sind sie vergraben. In einem anderen Traum habe ich im tiefen Frost drei Mädchen im eingefrorenen Graben gefunden. Wochen später war ich bei meinen Eltern im Garten hinter einem Zaun der als Trennung von Terrasse und Rasen steht. Hier sollte ich mein ungewolltes Baby vergraben haben. Dann habe ich den Rasen gemäht und plötzlich war da eine Kinderhand.

Nadja hat sich irgendwann an eine Kinesiologin gewandt und gelernt das sie Schwierigkeiten hat Dinge zu verarbeiten. Wenn es an ihrer Haustür klingelte bekam sie panische Angst und begann wie ein kleines Kind bitterlich zu weinen. Nach den Terminen bei der Kinesiologin ging es ihr richtig gut. Sie fühlte sich nicht mehr so fest gefahren und konnte wieder frei atmen. Bei der Kinesiologie geht es darum, auf körperliche, geistige oder seelische Ebene hilfreich zu sein. Das Ziel ist es die Blockaden, auch Muster genannt, aufzulösen.

Jahre später lernte ich Nadja kennen.

Meine Seelenarbeit ist immer anders, diesmal war es wunderschön. Nadja hatte vier Mädchen bei sich, alle unter sechs Jahre. Ich bat Erzengel Michael mir zu helfen. Die Mädchen rannten und sprangen ins Licht mit viel Lachen und schwangen ihre kleinen Arme hin und her. Zwei Mädchen guckten immer wieder zur rechten Seite, wo die beiden anderen liefen. Erzengel Michael ging in der Mitte. Diese Freude bei den Mädchen zusehen das sie endlich frei sein können war für mich überwältigend. Ich konnte meine Tränen nicht aufhalten, dass ich sie nach Hause bringen durfte.

Die Mädchen haben sich von Nadja verabschiedet, sie haben ihre kleinen Hände an ihren Kopf gelegt. Nadja hatte das Gefühl, dass ihr Kopf angeschwollen war. Sie war der Meinung gewesen das es zu meiner Seelenarbeit gehörte, ich verneinte. Die Mädchen waren voller Freude endlich nach Hause zu kommen.

Bei unsere Verabschiedung sagte Nadja zu mir: “Ich brauche jetzt erstmal vierzehn Tage um es zu spüren auch wegen der Alpträume.“ Die Mädchen haben ihre Träume so stark beeinflusst das sie krank wurde. Nadja hatte Selbstmordgedanken weil sie viele Therapien ohne Erfolg hinter sich hatte. Ein paar

Wochen später habe ich von Sandra erfahren das Nadja durchschläft, die negativen Träume sind Vergangenheit. Sie hatte lange überlegt wie sie es nennen sollte. Sie sagte: „Es dauert etwas bis der Kopf mit kommt, aber jetzt ist der Satz da.“

Ich bin wieder da.

Sigmund Freud war der erste, der auf empirische Weise den unbewussten Hintergrund unseres Bewusstseins erforschte. Seine Annahme war, das Träume nicht zufällig erscheinen, sondern mit bewussten Gedanken und Problemen in Zusammenhang stehen. Er machte eine einfache, aber durchschlagende Beobachtung, dass ein Träumer den unbewussten Hintergrund seines Leidens verrät.

FREIHEIT

Ich sah einen stabilen großen Mann der ganz gemütlich ins Licht lief, er war so um die 80 Jahre alt. Er trug einen langen schwarzen Mantel, eine schwarze Hose und schwarze Ausgehschuhe. Sein Kopf war bedeckt mit einem schwarzen Hut der eine große Krempe hatte. An der linken Hand sah ich einen Handstock den er im Lauf immer nach vorne schwang. Unter seinem rechten Arm hielt er viele lange weiße große Papierrollen, die er vorne mit der Hand festhielt, ich sah die Papierrollen ganz deutlich, sie ragten an seinem Körper vorbei. So ging er langsam ins Licht mit einem Teil seiner Architekten Arbeit. Er hatte sich als Seele diese Aufgabe ausgesucht und wollte mit ihr wieder nach Hause gehen. In seinem Architekten Büro wird heute noch gearbeitet.

Niemand von uns kommt auf die Welt um seinen Wert zu erlangen, wir haben ihn schon mitgebracht.

Sheri Dew

TÜR ZU

Eine junge Familie zog in eine umgebaute, renovierte alte Schule ein. Die junge Frau fühlte sich schon nach kurzer Zeit in den Räumen unwohl. Die männliche Seele zeigte sich, als ihr Mann auf Geschäftsreise war. Sie sah ihn am Fußende ihres Bettes sitzen, ein Lichtschein drang durch ihre Gardine, ein alter Mann ganz in schwarz gekleidet mit einem großen schwarzen Hut. Er saß in gebückter Haltung. Seine Hände bedeckten sein Gesicht. Manchmal stand er in der Küche im Türrahmen, wo die junge Frau ihn schemenhaft sah. Wenn sie durch die Tür musste, ging sie schon automatisch quer durch. Die junge Frau bereitete für ihren kleinen Sohn das Mittagessen in der Mikrowelle vor. Sie hatte vergessen die Mikrowellentür zu schließen. Der zweijährige musste immer alle Türen geschlossen haben, wenn sie offen standen, rief er dann immer: „Tür zu“. Egal um was für eine Tür es sich handelte. Er sah die offene Tür der Mikrowelle und sagte zu seiner Mama: „Tür zu“. Die junge Frau brauchte nicht aufstehen, die Mikrowellentür wurde geschlossen. Das war der Zeitpunkt um mit ihrem Mann zu sprechen und den Auszug vorzubereiten. Die Vormieter hatten den Vermieter den Grund für ihren Auszug genannt. Sie sagten ihm, dass es in der Wohnung „spukt“, er hat es als lächerlich bezeichnet. Somit zogen oder ziehen noch immer Menschen in die alte Schule ein. Und wer weiß, ob der alte Mann immer noch leidet. Meine Bekannte erzählte mir diese Geschichte. Die junge Frau ist ihre Nichte.

Jahre später

Es war mir eine Herzensangelegenheit die männliche Seele, die sich immer noch in der alten Schule aufhielt, seinen Frieden zugeben. Das er mit meiner Hilfe in seine Heimat zurück kehren konnte. Nach so vielen Jahren der Dunkelheit, des allein sein. Tage zuvor dachte ich immer wieder ganz intensiv an den alten Mann. Er war Lehrer an dieser alten Schule gewesen, wo es auch Wohnräume gab in der er lebte. Nach so langer Zeit des Leidens konnte er endlich ins Licht gehen, ganz langsam mit Bedacht sah ich ihn nach Hause gehen.

PATER RODERICH

Ich las über Pater Roderich, er lebte im 13ten Jahrhundert und hatte sich in ein Burgfräulein verliebt. Als man diese Liebe entdeckte, jagte man ihn fort. Mit gebrochenem Herzen ging er ins Kloster. Er veränderte sich, er wurde böse, war in düsteren Machenschaften verwickelt und stiftete seine Brüder an das gleiche zu tun. Irgendwann kam ein junger Mann in das Kloster und bat um Unterkunft, doch Roderich geriet mit ihm in Streit und lies ihn in den Keller sperren. Wochen später erfuhr er, dass es sich um seinen Sohn handelte, er rannte in den Keller, aber er kam zu spät, sein Sohn war tot. Roderich brach zusammen und weinte bitterlich. Er soll von einem wütenden Mob erschlagen worden sein. Ich sah einen großen Mann, er trug eine Mönchkutte und braune Sandalen. Ein grauer Haarkranz schmückte seinen Kopf, er schaute nach vorn. Er ging sehr langsam, fast so als wollte er stehen bleiben. In seiner rechten Hand hielt er ein einfaches kleines, schmales, braunes Holzkreuz. Sein linker Arm war angewinkelt, die Hand lag auf seiner Brust. So lief er ganz ruhig dem Licht entgegen. Nach einiger Zeit sah ich Erzengel Michael an seiner Seite, es war so ein schönes friedliches Bild, dass mir die Tränen kamen. Sie liefen beide im Gleichschritt. Erzengel Michael begleitete die geschundene Seele nach Hause. Pater Roderich konnte nach seinem Tod nicht ins Licht gehen. Die verirrte Seele wollte nicht akzeptieren das sein physischer Körper tot ist und wehrte sich aus persönlichen Ängsten gegen die Rückkehr in die geistige Welt. Jetzt sind Vater und Sohn wieder zusammen. Was für ein schöner Gedanke, vielleicht möchten sie ihn mit mir teilen. In unserem Urlaub besuchten wir die Kloster Ruine in Berlin. Als wir wieder Zuhause waren brachte ich noch 38 Seelen nach Hause. Alle waren in Kutten gekleidet.

HAUSKAUF

Sabrina und ihr Mann haben sich ihren Traum erfüllt und ein Haus gekauft. Sie haben Monate gebraucht um das Haus wieder lebenswert zu gestalten, es musste kernsaniert werden. Die Verwandtschaft des älteren Ehepaares erzählten später, dass ihr Onkel und ihre Tante in diesem Haus verstorben sind. Sabrina kennt meine Seelenarbeit und bat mich nach zu schauen ob das Ehepaar ins Licht gegangen ist. Die Frau verstarb zuerst, kurze Zeit später ihr Mann. Sie waren beide noch im Haus ich brachte sie heim. Nach meiner Seelenarbeit war das Haus wie gewaschen. Sabrina öffnete die Haustür und sagte: "Ich bekomme wieder Luft, was für eine schöne Energie." Sabrina und ihre Mama Anke haben die negativen Schwingungen wahrgenommen. Hellriechende Menschen sind feinfühlig. Der Mann lief links, er trug eine graue Hose, ein helles Hemd und eine dunkle Weste, die er offen trug. Seine Frau hatte ihren Kopf mit einem Tuch bedeckt, sie trug ein buntes Kleid und ihre Schürze war wieder anders farbig, es passte nichts zusammen. Sie liefen langsam, Hand in Hand und waren glücklich nach so langer Zeit zusammen ins Licht zugehen.

PAPA

Für Maik war der Tod immer Feierabend, da ist nichts mehr. Heute nach diesem Erlebnis mit seinem Papa denkt er anders. Maik ist LKW Fahrer wie es sein Papa war.

Diese Nacht im LKW war anders als die Nächte davor. Maik wachte plötzlich auf, weil er das Gefühl hatte das jemand an seinem Bett stand. Nun sah er seinen Papa Helmut auf der Ecke vom kleinen Kühlschrank sitzen, der hinter seinem Bett stand. Helmut schaute Maik an, der erstmal irritiert war. Er übermittelte Maik durch seinen Besuch: „Du brauchst keine Angst zu haben, ich bin immer für dich da, ich pass auf dich auf.“ Für Maik war es ein warmes Gefühl. Er sagte zu mir es war etwas Gutes. Als Maik das Licht anmachte war Helmut für ihn nicht mehr sichtbar. Ein paar Tage später besuchte Helmut ihn nochmal in der Nacht. Diesmal bei Maik zu Hause, er hatte das Gefühl das der Papa am Bett saß und wieder war dieses warme Gefühl da und dieses Mal hat es mich nicht mehr so aus der „Bahn“ geworfen, so die Aussage von Maik. Dieses Seelenerlebnis hat dazu geführt das Maik nicht mehr so traurig ist. Die Begegnung mit seinem Papa war für ihn ein schönes Gefühl.

Manchmal hört Maik das Lied von Schandmaul: „Euch zum Geleit“. Es wurde auf der Beerdigung von Helmut gespielt, es berührt Maik immer noch, aber seine Trauer ist eine andere geworden.

NEUNZEHNHUNDERTELF

Wir schreiben das Jahr 2020. Die männliche Seele, der Besitzer des Hauses, konnte nach seinem Tod nicht in die geistige Welt zurück kehren, er hing an seinem Besitz und war 109 Jahre in seinem Haus. Er war ein kleiner, gesetzter Mann in schwarz gekleidet. Auf der rechten Seite lief ein schlanker junger Mann in Zimmermannskluft, höchstwahrscheinlich aus einer anderen Epoche. Ich sah sie im hellgrünen Licht nach Hause gehen.

Maik und Diana wohnen seit acht Jahren in diesem Haus. Ihre elfjährige Tochter mochte sich nicht in ihrem Zimmer aufhalten, wenn eine Freundin sie besuchte dann fühlte sie sich geschützt. Zoe hat die negativen Schwingungen im Unterbewusstsein wahrgenommen. In diesem alten Haus war vorher immer ein Aus und Einziehen. Die Erdgebundenen Seelen wollen alleine sein, es ist ihr Haus, was machen die fremden Leute hier. Sie versuchen die Menschen aus ihrem Besitz zu vertreiben. Krankheit und Trennungen sind keine Seltenheit. Auch ist viel Streit im Haus. Den Menschen wird Energie entzogen, es kann zu Depressionen führen. Die Seelen haben sich bei Zoe, Diana und Maik bemerkbar gemacht. Maik hatte keine Beziehung mehr zu Zoe und Diana, er kam nicht mehr zurecht, die beiden waren zusammen gewachsen, eine Einheit. Die Beeinflussung der negativen Energien kamen von den Erdgebundenen Seelen. Wenn Maik nach einer Woche von seiner Arbeit nach Hause kam, fühlte er sich fremd, er mochte nicht mehr heim kommen. Der Mensch spürt die Negative Energie, kann sie aber nicht deuten.

ALPTRÄUME

Maik rief mich an, er wollte sich für meine Seelenarbeit bedanken. Ich fühle mich wieder in meinem Haus sehr wohl, dass dunkle Gefühl ist weg, komme von meiner LKW Tour gerne nach Hause. Auch bei Zoe hat sich etwas verändert, sie hält sich jetzt gerne in ihrem Zimmer auf. Er machte sich Sorgen um seine Frau Diana. Sie hat Stimmungsschwankungen von Jetzt auf Gleich ist sie ohne Kontrolle, im nächsten Augenblick ist sie wieder Diana. Auch hat sie viele Alpträume und wacht öfters in der Nacht auf. In einer dieser Nächte hörte Maik sie so grell schreien, es war kaum zu ertragen, wieviel Angst Diana in dieser Situation hatte. Sie versuchte immer wieder Luft zu holen. Maik hatte panische Angst um sie. Diana erzählte mir von ihrem Traum. „Ich wollte meine Tochter Zoe vom Boden hochheben, dabei wurde ich von hinten gewürgt, ich sah keine Person, spürte nur die kräftigen Hände um meinen Hals, es war so realistisch, so extrem.“ Ich bereitete mich auf meine Seelenarbeit vor. Diana hatte eine männliche Seele an ihrem Körper seit ungefähr drei Monaten. Zu dieser Zeit war sie auf Zypern gewesen und hat von dort die männliche Seele mitgebracht. Wir verabredeten uns für einen Sonntagabend um die männliche Seele ins Licht zubringen.

Wir telefonierten um die Uhrzeit ab zusprechen. Diana hatte sich auf ihr Sofa gelegt, sie war natürlich etwas aufgeregt. Maik legte sich auf das zweite Sofa um ganz nah bei ihr zu sein. Somit konnte Diana sich zurücklehnen und entspannen. Es kommt manchmal vor, dass der Mensch etwas friert oder aber er spürt eine leichte Wärme. Die Seele ist schnell gegangen, diesmal spürte ich sie kaum. Ich bat sie mir ein Zeichen zugeben wenn sie auf dem Weg nach Hause ist. Ich sah auf meine Hände und plötzlich bewegte sich an meiner rechten Hand mein kleiner Finger. Ich bedankte mich bei der Seele und wünschte ihr eine schöne Reise.

REISE

Die Freundinnen unternahmen eine gemeinsame Reise. Die junge Frau erzählte Tatjana was in ihrem neu bezogenem Haus geschah. Sie unterhielten sich sehr lange über das Thema Seelen und Tatjana erzählte von mir. Ich war 2019 in ihrem Haus wo sich drei erdgebundene Seelen aufhielten. Tatjana gab ihrer Freundin meine Visitenkarte, so kam es zu unserem Termin.

In diesem Haus war der Besitzer und ein junger Mann, sie wollten das Paar aus dem Haus vertreiben. Die junge Frau schläft nur bis drei Uhr dann ist die Nacht zu Ende. Ihre Tochter studiert in Bielefeld ist aber wegen Corona zu Hause, sie schläft nur ein paar Stunden. Die Seelen haben dafür gesorgt das die Menschen in der Nacht nicht zur Ruhe kommen. Auch passierte im und um ihr Haus so einiges. Viermal wurde der neue Elektroherd repariert, sollte er benutzt werden, war es immer nur für eine kurze Zeit. Eines Tages klingelte es an der Haustür, da stand ein Mann der ihren Wintergarten preiswert kaufen wollte. Angeblich willkürlich gebaut worden. "Ich kann ihn sofort abbauen so seine Aussage." Das Bauamt hat später bestätigt das der Wintergarten genehmigt ist. Die neuen Besitzer wollten eine Gaube ausbauen lassen, einige Leute erzählten, dass sei nicht erlaubt. Die junge Frau hat mehrmals bei der Behörde angefragt und immer ist ihr bestätigt worden, dass sie den Bau der Gaube vornehmen darf. Sie erzählte mir bei unserem Termin, dass sie seit Monaten auf einen Handwerker warteten, immer wieder wurde abgesagt oder wir konnten ihn nicht erreichen. Es ist einfach nervig, so ihre Aussage.

Wenn sich bei einem Hausbau oder Kauf noch Erdgebundene

Seelen aufhalten, werden sie versuchen die Menschen in der Jetzt Zeit durch ihre Taten dazu bringen, dass sie ihr Haus aufgeben. Die männlichen Seelen hielten sich in der Küche auf, sie gingen ganz gemütlich dem Licht entgegen.

Die junge Frau war sehr erleichtert. Sie erzählte mir, während ich in der Küche war, um die Seelen ins Licht zubringen, hat der Handwerker, auf den sie solange warten mussten, bei ihrem Mann angerufen und einen Termin gemacht. Alle vorherigen Termine wurden von den Seelen verhindert. Das war für mich auch etwas neues und sehr schön. Ich wünschte der Familie ein schönes Leben in „Ihrem Haus."

Seelengeschichte von Tatjana

In ihrem Haus befanden sich drei Erdgebundene Seelen. Der Besitzer war im Krankenhaus verstorben, er hatte zwei Freunde mit eingeladen mit ihm zusammen sein Haus zu besuchen. Nun machten sich die drei Seelen an die Arbeit. Stühle die um den großen Tisch standen wurden umgeschmissen. Sie kamen mit ihrer Renovierung nicht voran weil die Seelen ihnen die Energie raubten. Die junge Frau hat sich unwohl gefühlt, sie war allein im Haus und konnte nicht einschlafen. Auf einmal wurde sie hochgehoben, saß nun in ihrem Bett. Dann wurde sie auf die Bettkante gesetzt. Sie saß gerade da, als sie wieder etwas klarer wurde ging sie runter ins Wohnzimmer und verbrachte da die Nächte. Die Erdgebundene Seelen machten sich gegenseitig Mut und gingen langsam ins Licht.

HOTEL UND APARTMENT

Im Juli 2020 rief mich eine Frau an, die in einem Apartment in einem Hotel wohnt. Ihre Suche nach Hilfe begann im Dezember 2019. Sie hatte meine Seite: erdgebundene-seelen.de gefunden und erzählte mir das sie seit vielen Jahren keinen Kontakt zu ihrer Familie mehr hat und das sie nicht im guten auseinander gegangen sind. Seit langer Zeit hatte sie das Gefühl, dass in ihrem Apartment irgendwas nicht stimmt, sie hörte Stimmen. Sie hat mit vielen Menschen Kontakt aufgenommen um die Hilfe zubekommen die sie so nötig brauchte. Am Ende ist nicht viel passiert, außer Belehrungen oder Meinungen. Gundula war davon überzeugt, dass es ihre Verwandtschaft sei, die ihr schaden wollte.

Mail

Sehr geehrte Frau Wesemann ,

ich möchte Sie nunmehr um Ihre Arbeit bitten.

Ich muss noch kurz erzählen, dass ich gestern zum Einkauf immer durch den Stadtpark gehe. Hin zum Supermarkt bin ich noch ausgewichen, zurück jedoch ging ich durch. Als ich diesen betrat gab es eine merkwürdigen „Menschenauflauf". Die sahen mich alle so komisch an. Den Park habe ich sofort verlassen. Wahrscheinlich hätte ich ihn gestern nicht betreten dürfen. Ich glaube es sind nicht mehr zwei. Darf ich Sie nochmal bitten zu schauen ! Ich will nicht das jemand vergessen wird. Ich warte auf ihren Anruf um den Start zu erfahren und wie ich mich verhalten soll.

MfG Gundula

KRANKENSCHWESTER

Die beiden weiblichen Erdgebunden Seelen befanden sich nicht im Apartment sondern am Körper von Gundula. Ich rief sie an um es ihr mitzuteilen und wie sie sich jetzt verhalten sollte. Legen sie sich auf ihr Sofa, wenn sie möchten, decken sie sich zu. Sie brauchen keine Angst zu haben, legen sie ihre Hände auf ihr Herz- Chakra. Nun begann ich mit meiner Seelen Arbeit. Nach einer Weile sah ich eine Krankenschwester, sie trug ein schwarzes Kleid mit einer weißen Schürze und eine weiße Haube auf ihrem grau gewelltem Haar. Sie war nicht sehr groß und von starker Statur. Sie hielt ein elf bis zwölf jähriges Mädchen an ihrer Hand die auf der linken Seite lief. Sie trug ein blau, weiß kariertes Kleid mit einer weißen Schürze, ihre langen hellbraunen Haare waren zu Zöpfen gebunden. Sie gingen ganz leise ins Licht.

Ich rief Gundula an, sie war erleichtert das es nicht jemand aus ihrer Verwandtschaft war. Sie war der Meinung das die Verwandten sie negativ belasten wollten, dass sie nicht mehr ihr Leben genießen sollte. Sie weinte vor Erleichterung, als es ihr wieder etwas besser ging, erzählte ich ihr von der Krankenschwester und dem Mädchen. Dieses Mal weinte sie weil es ein kleines Mädchen war, das solange leiden musste. Sie sagte immer wieder: „Es tut mir so leid" und weinte bitterlich um die Kleine. Ich konnte Gundula verstehen. Mir geht es auch so wenn ich Kinder ins Licht leite bin ich sehr berührt und kann meine Tränen nicht zurück halten.

Sie erzählte mir das sie Stimmen in ihrem Apartment hörte, interwall mäßig auch Musik. Stimmen am Telefon wurden vertauscht statt ein Gespräch mit einem Mann war nach einiger Zeit eine Stimme von einer alten Frau zuhören. Auch körperlich ging es Gundula nicht gut, sie hatte Rückenschmerzen, Magenschmerzen und Durchfall. Die Rückenschmerzen waren bei unserm Telefonat schon verschwunden. Seelen die sich am Körper einer Person befinden haften meistens am Rücken. Gundula sagte: „Es ist so still geworden, war immer sehr laut in meinem Apartment." Ich fragte sie, ob ich dieses Seelen Erlebnis in mein Buch nehmen darf. Sie antwortete: "Hier gibt es noch viel zu tun. Wir sind hier noch lange nicht fertig."

Etliche Seelen Begegnungen sollten noch folgen.

Im Hotel wie auch in einigen Apartments und in den anliegenden Nebengebäuden hielten sich viele Erdgebundene Seelen auf. Jede Seele ging auf ihre Art ins Licht. Die einen mit viel Freude und andere mit Angst.

FÜNFHUNDERTZWEIUNDNEUNZIG

Erzengel Michael begleitet die Seelen der Menschen in das Vergessen und wieder hinaus. Die Rückkehr wird niemals abgeschnitten, letztlich ist es unser Wesenskern. Erzengel Michael half mir die Seelen ins Licht zu leiten, auch bat ich meine geistigen Führer mich mit ihrer Energie zu unterstützen. Die Seelen die sich in den Apartments und in den verschiedenen Räumen im Hotel befanden, bat ich, sich im Foyer zu versammeln. Es waren Frauen, Männer und Kinder. Sie kamen aus allen Richtungen. An ihrer Kleidung sah ich das sie sich an diesem Ort schon lange aufhielten. Diese Kleidung trug man in den 60 er Jahren. Miniröcke, schöne bunte Kleider, gestreift oder mit großen Mustern. Männer mit Bundfalthosen, bunten Krawatten mit Hemd. Einige trugen eine Weste, andere waren in Anzügen zusehen. Die Mädchen trugen bunte Kleider mit weißen Söckchen und Ballerinas. Die Jungs waren in kurzer Hose oder Lederhose mit Trägern und bunten Hemden zusehen. Auch in weißen Hemden mit Fliege und dunklen langen Hosen. Sie liefen alle sehr langsam ins Licht, jeder war in diesem Moment bei sich. Ich sah ein vierjähriges Mädchen, sie lief an der Hand einer Frau, ich sah die beiden von hinten. Die Kleine hatte weiches blondes Haar zum Zopf gebunden. Auch sie gingen ganz still, fast schüchtern ins Licht. Langsam entfernten sie sich von mir. Ich sah sie alle nur noch verschwommen. Nach ein paar Minuten spürte ich das sich ein leichter, kalter Wind auf meiner linken Seite meines Körpers setzte. Ich war nicht in der Lage mich zubewegen, ganz langsam ging die Seelenkälte zurück. Ich gab mir eine Reiki Behandlung um meine Energie wieder zu erhöhen. Die Fünfhundertzweiundneunzig Seelen nach Hause zu geleiten war für mich sehr anstrengend, aber es hat mich auch glücklich gemacht sie alle in Frieden zu wissen.

STEUERMANN

Zuerst war es ganz lange dunkel, dann sah ich aus der Sicht der Vogelperspektive ein kleines braunes Holzboot. Vorne im Boot stand ein Mann mit einem Ruder in der Hand. Bekleidet war er mit einem schwarzen Anzug und einem schwarzen Hut. Er war der Steuermann für das ewige Leben. Nun sah ich im hinterem Teil des Bootes zwei Frauen sitzen, sie waren von korpulenter Figur und trugen hellbraune Umhänge mit Kapuze die ihr Haar verdeckten. Sie saßen dicht neben einander in der Rundung von dem Boot, mit dem Rücken zu mir. Sie sahen das Licht und beobachten den jungen Steuermann wie er kräftig das Boot voran brachte. Während dessen sah ich rechts von mir eine Hauswand, sie war so dicht mit Efeu bewachsen, dass ich keine Fenster sah.

In unserem Urlaub im September 2020 besuchten wir Gundula. Sie zeigte mir noch einige Nebengebäude. Wieder Zuhause, stellte ich fest, dass sich in den Gebäuden noch einige Erdgebundene Seelen aufhielten über die ich hier auch schreibe. Als wir uns verabschieden wollten sagte sie zu mir: “Ich muss Ihnen noch was zeigen.“ Mein Mann und ich folgten ihr, wir gingen an die linke Seite des Hotels. Die ganze Wand war mit Efeu zugewachsen, man konnte keine Fenster sehen. Es waren Badezimmerfenster von den Apartments die nur von innen geöffnet wurden um das Efeu nicht zu zerstören. Ich war sprachlos, stand einfach da, genauso hatte ich es gesehen.

HILFE VON ERZENGEL MICHAEL

In einem Nebengebäude vom Hotel, das kaum benutzt wird, befanden sich sechs männliche Seelen. Ich war gerade mit meiner Lichtarbeit angefangen, da sah ich sie schon. Es waren Jungs im Alter von vierzehn bis sechszehn Jahre. Sie trugen Kleidung aus der Nazi Zeit. Ich sah sie ganz bescheiden. Alle sechs schauten geradeaus, sie liefen in einer Gruppe zusammen. Ihre Schritte waren schnell, weil sie das Licht sahen. Ich konnte meine Tränen nicht zurück halten diese Jungs so zusehen. In dieser Situation bat ich Erzengel Michael um Hilfe. Er breitete sein Gewand mit seinem linken und seinem rechten Arm aus, er ging ganz langsam hinter den Jungs, die jetzt aus meinem Blickfeld waren. Erzengel Michael brachte die Jungs im Schutz seines Gewandes nach Hause.

Als ich meine Seele fragte, was die Ewigkeit mit den Wünschen macht, da erwiderte sie: „Ich bin die Ewigkeit.“

Khalil Gibran (1883 – 1931) Philosoph und Dichter

APARTMENT 125

Den schlanken jungen Mann den ich am Wasser laufen sah, trug einen dunklen Anzug. Er ging sehr langsam, sein Kopf war gesenkt, er weinte leise. Während der Begleitung ins Licht, sah ich nach einiger Zeit an der rechten Seite des jungen Mannes eine ältere Dame, sie war eine große und sehr quirlige Person. Sie trug ein Kleid mit großen viereckigen Mustern in braun und weiß. Sie harkte sich bei ihm ein und schon wurden seine Schritte etwas größer, sie sprach mit ihm und legte ihren Kopf an seinen. So liefen sie eine ganze Zeit. Es war Liebe und Vertrautheit. Er hob seinen Kopf, seine Angst war vergessen. Ich fragte ob es seine Mutter sei. In diesem Augenblick sah ich ein leichtes Kopfnicken des jungen Mannes. Ich war so voller Freude ihn mit seiner Mama an seiner Seite zusehen. Sie gingen mit viel Schwung und Lachen nach Hause. Seine Tränen waren getrocknet.

Wir reisen zwischen den Universen durch Zeit und Raum hin und her. Während wir mit jedem Leben immer mehr Wissen erlangen. Wir müssen jeden Prozess voller Geschlossenheit und mit viel Geduld vertrauen. Unsere Heimat ist Liebe die auf uns wartet. Sie verleiht uns Sicherheit und Frieden.

APARTMENT 235

Ein großer Mann mit gegeltem braunem Haar, seine rechte Hand hielt er in seine Hosentasche. Er lief mit großen Schritten dem Licht entgegen. Ich spürte seine Freude das er endlich nach Hause gehen durfte.

APARTMENT 128

Die männliche Seele ging sehr schwer ins Licht. Ich wählte meine Worte ganz behutsam, so dass er seine Angst verlor. Einige Zeit später sah ich ihn ganz hinten im Nebel gehen. Er trug eine Mütze, den Kragen seiner Jacke hatte er ganz hochgezogen.

FÜNF SEELEN IM NEBENGEBÄUDE

Eine Trachtengruppe die aus zwei weiblichen und drei männlichen Seelen bestand. Die drei weiblichen Seelen, die in bunten bis zum Knöchel lange Kleider trugen, und bunte Kopftücher die sie im Nacken zu einem Knoten zusammen gebunden hatten, liefen nebeneinander. Die männlichen Seelen trugen dunkle Kleidung eine lange Hose und eine kurze Jacke, ihren Kopf hatten sie mit einer Franzosenkappe bedeckt. Nun sah ich das sich die männlichen Seelen den weiblichen angeschlossen hatten, so liefen sie nebeneinander ins Licht.

Jede Seele ist einzigartig, wie ihr Leben.

FOYER

Gundula nahm wieder mit mir Kontakt auf, sie erzählte mir das es ihr nicht gut geht. Seit einigen Tagen hatte sie das Gefühl nicht sie selbst zu sein. Ich begann mit meiner Seelenarbeit. Eine männliche Seele hatte sich an Gundula geheftet. Dieses Mal hatte sie etwas Angst und fragte mich: „Können sie die Seele auch außerhalb meines Apartments ins Licht leiten?“ Das war auch für mich neu, letztendlich hatte ich Erfolg. Ich bat Gundula sich auf ihr Sofa zusetzten ihre Augen zu schließen um mit sich im Einklang zukommen. Ich fing mit meiner Seelenarbeit an, und bat die männliche Seele ins Foyer. Jetzt sah ich einen Mann, so um die 40 Jahre alt. Die Seele hatte sich bei Gundula angehangen um endlich in Freiheit zu kommen. Er ging mit schnellen Schritten, seine Arme schwangen hin und her. Er hatte es sehr eilig nach Hause zu gehen. Die Seele hat es mir leicht gemacht. Vielleicht hat sie viele Jahre darauf warten müssen wie viele andere Seelen überall auf der Welt. Gundula war sehr erleichtert das die Seele ins Licht gehen konnte. Irgendwann wird die Seele die Entscheidung treffen zu einer bestimmten Zeit, an einem bestimmten Ort auf der Erde ein neues Leben zu leben.

APARTMENT 248

Die männliche Seele ging mit gesenkten Kopf seinen Weg ins Licht, ich spürte seine Angst, mein Körper war eiskalt. Die zweite Seele, die neben ihm lief, legte nach kurzer Zeit seinen Arm auf die Schulter der ängstlichen Seele. Irgendwann begann er ganz langsam seinen Kopf anzuheben. Die andere Seele hat ihm Kraft und Zuversicht gegeben. Ich wünschte beiden eine schöne Reise.

APARTMENT 130

.

Die drei jungen Männer die sich im Apartment aufhielten gingen leicht ins Licht. Die linke Seele tanzte, die beiden anderen sah ich lachen. Dann hoben sie erst den linken dann den rechten Arm in die Höhe. Dann tanzten sie alle im Takt mit der anderen Seele. Sie waren alle drei voller Vorfreude, es war ein Genuss sie so zusehen, dass sie mit Leichtigkeit nach Hause gingen.

FREUDE

Die weibliche Seele die sich im Foyer im Hotel aufhielt sprang ins Licht, sie riss ihre Arme in die Höhe, ich hörte ihr Lachen. Sie trug einen bunten Rock, eine weiße Bluse sie hatte dickes rot gelocktes Haar. Es war sehr schön zu sehen das sie glücklich war und an den Ort der Liebe zurückkehren durfte. Wenn die Seele ein gutes Leben geführt hat, dass auch anderen Menschen um sie herum zugutekam, gehen diese Seelen mit voller Freude in die geistige Welt zurück.

DREI ERDGEBUNDENE SEELEN

Drei Seelen, zwei männliche und eine weibliche Seele, um die 30 Jahre alt, befanden sich im Hotel. Ich habe die männlichen Seelen nur als Umrisse gesehen. Die weibliche Seele die ich ganz klar sah lief in der Mitte. Ich sah sie in einem bunten Zipfelkleid und crem- farbige Pumps, ihr blondes Haar war kurz geschnitten. Sie ging sehr schnell in großen Schritten. Sie hatte viel Energie. Die beiden männlichen Seelen kamen kaum hinterher. Nun sah ich sie alle drei zusammen mit Freude und mit viel Elan nach Hause gehen.

In der geistigen Welt ist es etwas Besonderes, dass Seelen die in unserem Leben wichtig waren, immer bereit sind uns am Tor in Empfang zu nehmen.

NATIONALTRAINER

Nach einigen Wochen meldete Gundula sich wieder bei mir. Sie war davon überzeugt das sich Prominente im Hotel aufhielten z.B. Wim Tölke, George Harrison, Hans Rosenthal, ein Meeresforscher, ein Friedensnobelpreisträger und Georg Buschner.

Buschner war tatsächlich im Hotel, ich sah ihn im Foyer. Er war von 1970- 1981 Fußballnationaltrainer für Herren in der DDR. Buschner bestritt als Coach 104 Länderspiele.

Er stand mit dem Rücken zu mir und trug einen weißen Trainingsanzug der mit hellbraunen Absätzen an Kragen, an den Handgelenken, am Jackensaum und seitlich an der Trainingshose zusehen waren. Er war ein schlanker Mann ca. 1,70- 1,75 m groß, er trug graues Haar. Ich bereitete mich vor ihn ins Licht zuleiten. Im nächsten Augenblick sah ich viele Seelen, Frauen, Kinder und Männer, dann sah ich wie Herr Buschner ihnen den Weg zeigte der vor ihnen lag. Sein rechter Arm war ganz weit ausgestreckt und immer und immer wieder schwang er seinen Arm, bis alle Seelen im Licht waren. Georg Buschner ging zuletzt, er schaute nach rechts und winkte noch einmal um sich zu verabschieden.

Eine wunderbare Seele, die erst an andere dachte und dann an sich. Es war wunderschön, ich bin dankbar das ich es erleben durfte.

BESUCH IN DER NACHT

In der Nacht von Freitag den siebenundzwanzigsten auf den achtundzwanzigsten November wachte ich ganz plötzlich auf. Nach einer kurzen Zeit stand ich auf um etwas zu trinken. Als ich wieder im Bett lag und meine Augen schloss, sah ich etwas braunes pussliges vor meinem rechten Auge. In wenigen Sekunden sah ich ein Eichhörnchen, so schnell wie es da war verschwand es wieder. Nun sah ich einen Mann, nur sein Gesicht vor meinem Auge, er trug einen Vollbart und hatte schwarzes dickes Haar. Seine Augen schauten mich aggressiv an. Es kam mir vor als wenn er mich für etwas bestrafen wollte. Nun rieb ich mein Auge, danach war er nicht mehr zusehen. Lange Zeit habe ich wach gelegen bis ich endlich zu Ruhe kommen konnte. Der nächste Tag erinnerte mich immer wieder an das Männergesicht. Ich wurde es nicht los und konnte es nicht einordnen. Es gab so viele Fragen wer war er, was wollte er mir zeigen, ich kam zu keinem Ergebnis. Auch habe ich je von so einer Begegnung gehört oder gelesen. Der Samstag war geprägt von diesem Erlebnis.

In der nächsten Nacht vom achtundzwanzigsten zum neunundzwanzigsten November war es noch drastischer.

Wieder wachte ich in der Nacht plötzlich auf, ich machte mir so meine Gedanken weil es in der vorigen Nacht auch geschah. Ich stand auf und setzte mich eine Weile ins Wohnzimmer. Nach einer guten halben Stunde ging ich ins Bett, fühlte mich unwohl, war etwas ängstlich. Nach einer Weile schloss ich meine Augen. Es dauerte einen kurzen Moment bis ich vor meinem rechten Auge ein Jungengesicht sah, wieder ganz nah. Er war etwa fünf

Jahre alt, sein blondes Haar trug er mit einem Scheitel. Er schaute mich mit seinen hellblauen Augen an und lächelte. Dann verwandelte sich sein Gesicht zu dem Mann den ich in der Nacht zuvor gesehen hatte. Und wieder schaute er mich ganz aggressiv an, im nächsten Augenblick verwandelte sich sein Gesicht in ein Frauengesicht. Sie trug blondes, toupiertes Haar mit großen Wellen die auf ihren Schultern lagen. Ihr Gesicht war schlank mit hohen Wangenknochen, ihre Augen blitzten, sie lächelte mich an. Ich machte meine Augen auf und alles war in Ordnung. Es waren keine Träume das war mir klar, aber was hatte es zu bedeuten? Wieder grübelte ich den ganzen Sonntag über das Geschehen nach. Erst am Montagmorgen hatte ich eine Eingebung. Meine Seelenarbeit im Hotel und den Apartments hatte ich am sechsten November beendet.

Nach den nächtlichen Erlebnissen hatte ich den Gedanken, vielleicht war es auch meine innere Stimme die mir sagte: „Schau nochmal ins Hotel und in den Apartments.“ Und tatsächlich zuerst sah ich nur eine Seele, kurz darauf die zweite dann die dritte, es war eine Familie. Die männliche Seele war in schwarz gekleidet, seine Frau trug einen hellbraunen Mantel. Der Junge war in Jeans und eine dunkle Jacke gekleidet, der Kragen war hochgestellt. Sie hatten sich ins Foyer begeben, nachdem ich Kontakt zu ihnen aufgenommen hatte. Die Familie hatte sich im Kreis aufgestellt. Sie hielten sich an der Hand, ganz ruhig standen sie da, sie sahen glücklich aus, sie lächelten sich an. Ich begann mit meiner Seelenarbeit. Die Familie lief ganz ruhig dem Frieden entgegen. Ihren Sohn hatten sie in die Mitte genommen und hielten sich an der Hand. Ich bin dankbar das ich noch einmal im Hotel nachgeschaut habe. Die Familie so friedlich zusehen war für mich ein Segen. Sie ist durch die Lichtenergie in dem Hotel zu mir gekommen. Es war ihre Botschaft endlich friedlich nach Hause zugehen.

Für mich immer noch außergewöhnlich das Erdgebundene Seelen sich so zeigen können, für die Familie gab es keine andere Möglichkeit auf sich aufmerksam zu machen. Wir sind göttliche Wesen, die in zwei Welten leben. Unser Schicksal ist es zwischen den Universen durch Zeit und Raum hin und her zu reisen. Dadurch lernen wir und erwerben Wissen. Die Ziele und Routen der geistigen Reise sind alle gleich.

AUFPRALL

Sandra stand am Herd um das Mittagessen vorzubereiten. Die Tür vom Hauswirtschafsraum stand auf, die Küchenzeile und die Tür vom Wirtschafsraum ist eine Linie. Aus den Augenwinkel heraus sah sie etwas, gleich darauf hörte sie einen Aufprall, wie ein Sandsack der zu Boden fiel. Sie konnte es nicht fassen eine Tüte mit Sesamkörnern lag auf den Küchenboden. Es befanden sich vier Tüten Sesamkörner im Schrank. Aus dem Wirtschaftsraum wurde eine Tüte zwei Meter in die Küche geschleudert. Sandra war klar wer es war, nämlich ihr Mann Patrick der sie erschrecken wollte, doch er stand nicht hinter der Tür, er war bei seinem Nachbarn. Sandra und Patrick erzählten, dass vierzehn Tage zuvor zwei Handwerker im Haus waren. Im Hauswirtschaftsraum wurde ein neues Fenster eingesetzt. Einer der beiden Handwerker hat zwei weibliche Seelen dagelassen. Sie haben nur auf einen günstigen Moment gewartet um Aufmerksamkeit von Sandra zu bekommen, was ihnen auch gelungen ist.

Ich sah nur eine Person, eine kleine alte Frau mit einem bunten Kleid und darauf eine anders farbige bunte Schürze, ein mit Blumen besetztes Kopftuch. Sie trug Wollsocken und Holzschuhe. Die andere Person konnte ich nur erahnen, ich sah nur eine blaue Farbe die sie vielleicht in ihrem Kleid hatte. Sie wollte sich nicht zu erkennen geben.

BLUME

Charlotte rief mich an, sie und ihr Mann Dieter stellten eines Tages fest, dass sich auf der Fensterbank hin und wieder die Blätter einer bestimmten Blume bewegten. Sie sahen dieses Phänomen einige Wochen. Da dieses Geschehen im Januar und Februar war, konnte es sich nicht um einen Luftzug handeln. Abends war es häufiger zusehen, manchmal auch am Nachmittag, war es von Dieter zu beobachten wenn er alleine im Wohnzimmer saß. An vielen Abenden, wenn ihr Fernseher lief, schliefen sie häufig ein. Es war eine weibliche Seele die sich im Wohnzimmer befand. Sie hat sich ganz leise bemerkbar gemacht, sie zeigte sich durch die Bewegung der Blume. Auch zog sie Charlotte und Dieter Energie ab. Der Mensch ist ständig müde, die Seelen brauchen unsere Energie für ihr Dasein. Ich brachte die Seele an den Ort der Heilung. Sie war für mich nur verschwommen zusehen, weit hinten auf ihren Weg. Bekleidet war sie mit einem langen Crem farbigen Leinenrock, ein kurzes schwarzes Oberteil. Sie trug dunkles Haar das aus Zöpfen zu einen Kranz gebunden war. Sie ist eine liebliche Seele, die nun an einem Ort ihrer Vertrautheit ist.

NEA

Mein Name ist Nea, ich bin vier Wochen alt. Die meiste Zeit schlafe ich, oder meine Mama Christin sorgt für mein leibliches Wohl. Aber wenn ich auf dem Wickeltisch liege bin ich putzmunter. Und schon habe ich es wieder entdeckt. In der Ecke oben an der linken Wand. Ich glaube es ist etwas Besonderes. Meiner Mama ist es aufgefallen sie hat mich eine Weile beobachtet. Dann erzählte sie es ihrer Mama, meiner Oma Petra. Meine Oma hat dann gleich Gisela angerufen und gefragt, ob sie helfen kann.

Hier das Ergebnis vom WhatsApp Protokoll

[20:00, 17.5.2020] Gisela: Hallo Petra, es war eine weibliche Seele ich habe sie ins Licht geleitet. Sie brauchte eine Zeit sie war sehr leise, eine sehr zurückhaltende Seele. Liebe Grüße an Christin. Irgendwann ruf ich dich nochmal an es geht um die Seelen Geschichte mit dem kleinen Jungen habe ich auch schon geschrieben bin mir aber nicht sicher ob ich alles richtig behalten habe was du mir erzählt hast. Melde mich dann bei dir. Danke im Voraus. Liebe Grüße Gisela

[20:01, 17.5.2020] Petra: Mir wird gerade ganz warm

[20:01, 17.5.2020] Petra: Kommen etwas die Tränen

[20:01, 17.5.2020] Petra: Ich danke dir.

[20:09, 17.5.2020] Gisela: Ich musste zuletzt auch weinen als die Seele weg ging es war sehr schön. Der Energetische Wert des Hauses war unter 500 jetzt ist das Haus auf 10 tausend. Seelen brauchen viel Energie um zu überleben.

[20:10, 17.5.2020] Petra: Puh.

Ich drück dich 😘,

[20:11, 17.5.2020] Gisela: 😘

Irgendwas vermisse ich, doch nun konzentriere ich mich ganz auf meine Mama, ich habe nur noch Augen für sie.

Meine Mama Christin ist glücklich das die Seele ins Licht gegangen ist.

NEA

Ich bin schon 10 Monate alt. Meine Mama Christin und ich sitzen am Esstisch, meine Oma Petra ist per Facetime zugeschaltet. Nach einer Weile sah meine Oma, dass ich ganz aufgeregt war. Sie nahm es mit ihrem Handy auf. Ich habe immer nach oben gezeigt mal mit dem rechten Arm und dann wieder mit dem linken Arm, mein Zeigefinger war immer ausgestreckt. Dann wiederrum habe ich auf meine Mama gezeigt und schnell wieder nach oben, um ihr zu zeigen „Mama guck mal hin da ist was“, so ging es eine lange Zeit. Da ich noch nicht sprechen konnte habe ich versucht mich in meiner Wortsprache auf mich aufmerksam zu machen. Nur meine Mama hat mich nicht verstanden. Nach einer Weile bin ich ganz müde geworden. Es war alles sehr anstrengend, meine Mama davon zu überzeugen, dass auf der rechten oberen Seite der Wand etwas war, dass da nicht hingehörte. Jetzt brauchte ich erstmal meinen Mittagsschlaf.

Zwei Tage zuvor am Sonntag hatte sich Besuch angemeldet, es waren Freunde von deinen Eltern. Schon am Montag hast du die

Erdgebundenen Seelen wahrgenommen. Deine Mama Christin erzählte, dass du viel geweint hast, du wolltest immer bei ihr sein und mochtest nicht alleine spielen.

[12:44, 23.3.2021] Petra: Hallo Gisela, ich würde dir gerne mal ein Video schicken. Nea guckt seit ein paar Tagen immer nach oben an die Decke. Immer wenn sie unten am Esstisch sitzt. Lg Petra

[13:13, 23.3.2021] Gisela: Hallo Petra ich guck mal. In Seedorf?

[13:14, 23.3.2021] Petra: Ja in Seedorf

[13:16, 23.3.2021] Gisela: Ok ich melde mich wieder ist es Wohn und Esszimmer

[13:16, 23.3.2021] Petra: Ja mit offener Küche. Hinter Nea ist Wohnzimmer

[13:18, 23.3.2021] Gisela: ok

[14:29, 23.3.2021] Gisela: Es waren zwei männliche Erdgebundene Seelen im Essbereich. Sie waren seit Sonntag da. Jetzt sind sie im Licht. Habe sie nur gespürt nicht gesehen. Vielleicht kann Christin die kleine Nea beobachten wäre auf das Ergebnis gespannt. Alles Liebe Gisela.

[14:30, 23.3.2021] Petra: Vielen Dank liebe Grüße ich gebe dir Rückmeldung

[14:31, 23.3.2021] Petra: Ja da bin ich echt gespannt. Aber schon Wahnsinn das ich es aufnehmen konnte wie Nea sich gegeben hat.

[14:40, 23.3.2021] Gisela: Ja das war sehr gut. Auch das du gleich reagiert hast. Das ist unbeschreiblich wie Kinder das sehen und wie Nea reagiert hat . Erstaunlich

Von Christin

[11:24, 24.3.2021] Christin: Du bist wirklich wunderbar 🥰

[11:25, 24.3.2021] Christin: Nea spielt wieder und düst hier durchs Haus 😍 danke dir!!!

[12:24, 24.3.2021] Gisela: Danke für deine liebe Nachricht. Es freut mich das es Nea gut geht.

NEA

Ich bin mit meinen Eltern in den Norden von Deutschland gezogen. Hier haben wir eine schöne Wohnung gefunden. Und weil ich noch klein bin und mit der Sprache von den Erwachsenen noch nicht so ganz mithalten kann, habe ich es so gezeigt, dass ich mich nicht gerne im Wohnzimmer aufhalte. Das hat meine Mama Christin gleich am nächsten Tag bemerkt. Und hat Kontakt zu Gisela aufgenommen.

Im Anschluss die WhatsApp

[09:33, 15.8.2021] Guten Morgen Gisela 🌸😊

Schönen Sonntag wünschen wir euch😊

Wir wohnen seit gestern in unserer neuen Wohnung!

Nea steht wieder viel im Hauseingang und im Wohnzimmer hält sie sich total ungerne auf 😔

Hast du eine Idee was man machen kann? Liebe Grüße Christin

[10:46, 15.8.2021] Gisela: Liebe Christin, es sind wahrlich Seelen die sich im Wohnzimmer aufhalten. Nea hat sie schon geortet. Schreib mir bitte eure Adresse ich schau was los ist. Liebe Grüße Gisela

Beethovenstraße

[12:48, 15.8.2021] Gisela: Es waren drei Erdgebundene weibliche Seelen (Verwandtschaft drei Generationen). Sie hielten sich im Wohnzimmer auf. Euch ein schönes Rest Wochenende

[13:41, 15.8.2021] Gisela: Die Seelen sind im Licht. 😘

[14:14, 15.8.2021] Danke ❤❤❤❤❤

Oma, Tochter und Enkelin, ich habe sie nur von oben gesehen, als wenn ich im Flugzeug saß und in einer Wüste drei dunkle Gestalten sah. Die Enkelin lief hinter ihrer Oma und Mama, sie hatte den Kopf leicht gesenkt.

GRETAS AUSFLÜGE

Mit Gretas Ausflügen in der Nacht ins elterliche Schlafzimmer war für sie Geborgenheit. Es kam ein paar Mal in der Woche vor oder sie verbrachte die Nacht bei ihrer Schwester Mia. Ihre Eltern hatten dafür keine Erklärung.

Greta war ja schließlich schon fünf Jahre alt, und ein starkes Mädchen das weiß was es will.

Ich sah mir das Haus an, es hielt sich ein junger Mann in Gretas Zimmer auf. Er war groß und trug dickes schwarzes Haar und war mit einem T-Shirt, Jeans und weißen Turnschuhen bekleidet. Ich habe die Seele nur aus der Vogelperspektive gesehen. Ich spürte seine Angst, es war sehr dunkel, ich sah ihn nicht mehr. Die Familie kam nicht zur Ruhe. Greta hatte nach ein paar Tagen wieder das Bedürfnis in der Nacht ins Schlafzimmer der Eltern zu gehen. Später habe ich erfahren, dass es eine Energie im Haus gab, die die Eltern aber nicht deuten konnten. Ich fragte nach anderen Räumen im Haus. Unter anderem war auch ein Hauswirtschaftsraum vorhanden. Dort hielt sich der junge Mann auf. Er war nicht ins Licht gegangen. Ich sprach leise mit ihm, er wurde etwas ruhiger, er vertraute mir. Die Seele ging sehr langsam ihren Weg, er senkte seinen Kopf und weinte leise. Er machte kleine Schritte als wollte er sein Zuhause nicht erreichen. Dann sah ich das eine Seele ihren Arm um die Schulter des jungen Mannes legte, dieser legte seinen Kopf auf die Schulter der helfenden Seele. So gingen sie gemeinsam ins Licht.

DIE HILFE VON GRETA

Der Urlaub an der Ostsee war wunderschön. Wieder Zuhause rief mich die Mama von Greta an das der nächtliche Besuch wieder aktuell ist. Ich begann mit meiner Seelenarbeit im Haus und bei der Familie zuschauen. Greta hatte drei weibliche Seelen mit nach Hause gebracht, die sich im Badezimmer aufhielten. Es war eine Mutter mit ihren Zwillings Töchtern die an der Hand ihrer Mama gingen, sie hatten ihre blonden Haare zum Zopf gebunden. Nach einer Weile machten sie sich einen Spaß daraus ihre Mama zu ärgern. Immer im Wechsel sprangen sie vor oder hinter ihr. So ging das Spiel mit viel Lachen. Ihre Mama war ganz entspannt, sie kannte ihre Töchter, sie machten ihr viel Freude. Mit dieser Freude gingen sie ins Licht. Sie haben sich an Greta gewandt weil sie auch ein Wirbelwind ist.

Gretas Ausflüge sind jetzt Geschichte.

MÄDCHEN

Es ist oft so, wenn mein Mann unterwegs ist, sind auch Erdgebundene Seelen in seiner Aura, wie auch dieses Mal. Er hatte einen Filmauftrag in unserer Kirche. Auf dem Weg dahin kam ihm ein Paar entgegen, sie hatten sich das Gotteshaus angeschaut. Mein Mann wurde von ihnen angesprochen ob er diese schöne Kirche fotografieren wollte. Diese Unterhaltung nutzten die Zwillinge sich an meinen Mann zuheften. Sie machten sich in der Nacht bemerkbar mit ihrer Seelenenergie. Ich leitete sie in der Nacht von Sonntag auf Montag ins Licht. Am Morgen ging es mir sehr schlecht ich hatte Magenschmerzen und Kreislauf Probleme. Es war nur ein Zwilling gegangen, der andere war bei mir geblieben, vielleicht aus Angst.

Ich bereitete mich auf meine Seelenarbeit vor, das Mädchen lief dem Licht entgegen und weinte. Ich sprach leise mit ihr und in diesem Augenblick sah ich ihre Schwester ganz hinten am Rand des Weges stehen. Beide umarmten sich, beide weinten, sie waren wieder zusammen. Sie legten die Arme des anderen über die Schulter und gingen nach Hause.

SEELENGEFÜHL

Karin hatte ihren ersten Reiki Termin, schon bei der Begrüßung war eine schöne Energie vorhanden. Es war sofort eine besondere Vertrautheit da. Wir konnten sofort über alle Themen sprechen, mit manchen waren wir verbunden andere haben wir allein erlebt.

Seelen Erlebnis von Karin

Ich habe das Gefühl, das sich in meinem Haus Seelen befinden. Manchmal wach ich in der Nacht auf und denke: "Da war doch Jemand". Oder ich werde von einer Seelenenergie umweht. Schon im Treppenhaus spüre ich die negative Energie, je mehr ich die Stufen hoch gehe wird die Seelenkälte unerträglich. Im Flur ist sie sehr präsent. Es hielten sich drei Seelen im Arbeitszimmer in der ersten Etage auf. Ich war kaum mit meiner Seelenarbeit angefangen da spürte ich die starke Energie der Erdgebundene Seelen, und sah eine weibliche und zwei männliche. Die weibliche Seele lief auf der rechten Seite, sie trug ein buntes Glockenkleid, es umspielte ihre Beine, ihre Pumps waren rosa farbig. Die beiden männlichen Seelen trugen schwarze Hosen und eine dunkle blaue Weste. Darunter ein weißes Hemd. Ihr Haar war hellbraun und kurz geschnitten, die weibliche Seele trug braunes großgelocktes Haar. Alle drei waren von schlanker Statur, ich schätzte ihr Alter um Mitte dreißig. So gingen sie gemeinsam ins Licht. Jeder mit seinen Gedanken, ganz friedlich und voller Erwartung sahen sie den Weg in den Frieden. Die Erdgebundenen Seelen waren schon da als das Haus gebaut wurde. Karin war schon die neunte Käuferin. Dieses Haus sollte viele Besitzer sehen. Mit der Hilfe von Karin konnten die Seelen endlich an den Ort zurückkehren, wo alles möglich ist.

BESUCH

Mein Mann und ich bekamen kurzweiligen Besuch. Es war eine kleine Stippvisite bevor unsere Freunde in ihre Heimatstadt Hamburg fahren wollten. Die Zeit verging im Fluge. Jörg hatte viel zu erzählen und wir lernten seine sympathische Lebensgefährtin kennen. Diese Begegnung nutzten Erdgebundene Seelen aus und hefteten sich an meinem Körper. In der Nacht habe ich noch nichts gespürt. Am Morgen hatte ich wahnsinnige Kopfschmerzen, so dass ich nicht fähig war zu frühstücken. Mein ganzer Körper war wie gelähmt, ich hatte keine Kraft mehr, und war übermüdet. Ich schaute nach verstorbenen Seelen, und tatsächlich zwei männliche Seelen hatten sich an meiner Person gehangen, ich brachte sie ins Licht. Während dieser Seelenarbeit konnte ich spüren das die Kopfschmerzen immer weniger wurden. Als sich die Seelen auf ihrer Rückreise in die geistige Welt begaben, waren meine Kopfschmerzen ganz weg.

Es ist schon ein Wahnsinn was Erdgebundene Seelen bewirken können. Ich habe eine Stunde Erholungsschlaf nach geholt, und dann war ich ein neuer Mensch.

SPASS

Ein wilder Haufen, drei junge männliche Erdgebundene Seelen saßen nebeneinander auf einem großen Sofa. Alle drei waren gekleidet als wollten sie gemeinsam zu einer Party. Sie unterhielten sich angeregt. Es waren Freunde. Der blonde junge Mann der in der Mitte saß, schien der Wortführer der Truppe zu sein. Der andere junge Mann der links neben ihm saß, strich mit seiner rechten Hand sein dunkles Haar immer wieder nach hinten, zwischendurch ergänzte er durch ein Lachen die Unterhaltung. Für mich war es herrlich anzusehen und ihr Lachen war so ansteckend, dass aus meinem Schmunzeln ein Lachen wurde. Wortwörtlich sagte ich zu ihnen: "So Jungs auf geht's." Sie sprangen vom Sofa und immer noch waren alle drei in angeregter Unterhaltung. Einer leerte noch sein Glas, und dann gingen sie in eine Richtung. Für mich sah es aus als liefen sie um eine Ecke, immer noch mit einem Lachen, die Jungs waren für mich nicht mehr sichtbar.

Dora hatte mich angesprochen „Ich sehe seit einiger Zeit etwas aber dann auch wieder nicht." So haben sich die Jungs bemerkbar gemacht.

Bei der Rückreise zu dem Ort der Heilung, freuen sich die Seelen auf die Begegnungen mit den anderen, die auf sie gewartet haben.

SEELEN ANHAFTUNG

Bei der Reiki Behandlung für Waltraut haben sich Erdgebundene Seelen an meiner Person gehangen. Nach etwa zwei Stunden habe ich ihre Energie gespürt. Sie machten sich durch Kopfschmerzen und Müdigkeit bemerkbar. Außerdem empfand ich eine Kälte, als wäre ich in einem Kühlhaus. Die beiden weiblichen Seelen hielten sich in Waltrauts Küche auf, sie hafteten sich an ihre Aura und somit kamen sie zu mir, um endlich ins Licht gehen zu dürfen. Ich habe sie von der Vogelperspektive gesehen, es waren Mutter und Tochter. Die Mutter war eine schlanke Frau, sie trug einen braunen Mantel und ein helles Kopftuch, das unter ihrem Kinn geknotet war. Ihre Tochter hatte kurzes braunes Haar, etwas gelockt, sie war ungefähr acht Jahre alt. Sie sind Hand in Hand ganz friedlich ins Licht gegangen. Es war wunderschön sie so zusehen, es hat mich sehr berührt. Waltraut erzählte mir, als sie eines Abends in ihre Küche ging, wo es sehr hell war. Zuerst kam ihr der Gedanke, dass jemand mit der Taschenlampe ins Fenster leuchtete, doch die Rollläden waren ganz runter gezogen. Dann sah sie blaues mit weiß vermischtem Licht, im nächsten Augenblick war die Küchenzeile beleuchtet. Nach ein paar Minuten war die ganze Küche in einem hellblauen Licht. Waltraut hatte die Erdgebundenen Seelen nicht bemerkt, weil sie sehr friedlich waren und sich durch das Licht zeigten.

Nach der Reikibehandlung saßen Waltraut und ich noch lange zusammen, sie erzählte mir ihre Geschichte.

DER LANGE LEIDENSWEG VON WALTRAUD

Es war ein großer Mann, er trug eine Baskenmütze an mehr kann ich mich nicht erinnern. Ich war erst neun Jahre alt als er das erste Mal zu mir kam. Meine Schwester und ich waren in der Silvesternacht alleine. Ich bin in der Nacht aufgewacht und habe geschrien, ich weiß nicht warum, er hat mich gequält ich hatte Herzrasen und viel Angst. Der Mann hat sich auch bei meiner Oma aufgehalten, sie hatte im Garten einen Brunnen und wenn ich mit meiner kleinen Schwester dort zu Besuch war, habe ich jedes Mal zu ihr gesagt: „Du darfst nicht zum Brunnen gehen." Er hat dort immer auf uns gewartet. Je älter ich wurde umso mehr hat er mich belästigt, ich habe viel geweint. Er hat mich mein ganzes Leben begleitet, in jede Wohnung die ich bezog spürte ich seine negative Energie. Eines Abends saß ich an meiner Nähmaschine, als der Mann vom Nebenzimmer durch die Wand kam. Da war er wieder der große Mann. Jetzt sah ich ihn, er war schwarz gekleidet. Für einen kurzen Augenblick dachte ich mir, jetzt legst du ihm einen Zettel mit einem Kugelschreiber hin, aber ich habe mich nicht getraut. Auch wenn ich aufs Land fuhr um Blumen zu pflanzen spürte ich ihn. Als ich einen Urlaub auf Mallorca verbrachte hat er mich begleitet.

Viele Jahre habe ich nach Hilfe gesucht um meine traumatischen Erlebnisse, mein Leiden zu beenden. Dann endlich im Alter von fünfzig Jahren hatte ich eine Adresse von einer Heilpraktikerin die auch Hypnose anbot.

IN DER HYPNOSE

Ich war auf einer Insel und sah eine weiße Mauer die oben in blauer Farbe abgerundet war. Mir wurde gesagt das ich durch eine Tür gehen sollte. Die Heilpraktikerin sagte zu mir, dass ich weiter schauen sollte und dann zum Brunnen gehen. Jetzt fragte sie mich, in welchem Jahr bis du? Ich antwortete im Jahr achtzehnhundertneunundsechzig. Und wie alt bist du? Ich antwortete ich bin sechs Jahre alt und habe Zöpfe. Dann habe ich den Mann am Brunnen gesehen, er nahm mich und hat mich in den Brunnen geschmissen. Ich habe viel geschrien. Die Heilpraktikerin sagte: „Nun ist es gut, nun komm mal wieder raus.“ Ich musste mich erstmal orientieren wo ich bin. Nach einer Weile sah ich den Mann, er kniete vor mir, ich wusste was ich jetzt tun musste. Ich legte meine rechte Hand auf seinen Kopf und sagte leise zu ihm: „Ich verzeihe Dir.“ Dann war er weg für immer. Ich habe ihm verziehen damit er ins Licht gehen kann. Und meine Seele ihren Frieden findet. Waltraut ist eine starke Frau, eine starke Seele. Sie hat in ihrem jetzigen Leben die seelische Verletzung verarbeiten müssen. Die Hypnose ist Sinn und Zweck, sich mit einem traumatischen oder unterdrückten Geschehen zu beschäftigen, um wieder ohne Panik, Besorgnis Angst und Unbehagen leben zu können. Der Mensch wird mit den härtesten Erscheinungsformen und schließlich mit der Ursache selbst konfrontiert. Das Wiedererleben des Geschehens gehört dazu. Somit gewinnt der Mensch seine persönliche Sicherheit wieder.

BESTER FREUND

Christian erzählte das sein Freund verstorben sei. Drei Nächte hintereinander ist er um ein Uhr eins aufgewacht. Bei unserem Gespräch sagte er: „Ich glaube, er ist in meinem Haus." Christian hat seinen besten Freund gespürt. Die Seele wollte sich von Cristian verabschieden und hat die Zeit zugehen verpasst. Er war ganz in schwarz gekleidet und hielt sich im Wohnzimmer auf. Mit großen Schritten ging es dann nach Hause.

Wir sind alle nur Besucher auf dieser Welt und zu dieser Zeit. Unsere Seelen sind nur auf der Durchreise. Unsere Aufgabe hier ist es zu beobachten, zu lernen, zu wachsen, zu lieben und dann wieder nach Hause zu gehen.

Weisheit der Aborigines

Eine ältere Dame die sehr schlecht lief, sie trug bunte Kleidung und hatte graues, kurzes Haar. An ihrer linken Seite lief eine junge Frau, anscheinend ihre Tochter, sie war groß, schlank, in heller Kleidung, sie trug kurzes blondes Haar. Sie gab ihrer Mutter Halt in dem sie sich bei ihr unterhackte um sie zu unterstützen. Sie drückte ihre Mama an sich und so friedlich liefen sie ins Licht. Die ankommende Seele wird vollständig mit machtvoller Energie eingehüllt.

Anruf von Anke

Liebe Gisela, eben rief mich mein Bruder Detlef an, er und seine Frau Tanja machten sich große Sorgen um ihre vierzehnjährige Tochter. Jolina erzählte, dass sie sich seit einigen Wochen Zuhause nicht mehr wohl fühlt. Sie konnte es nicht beschreiben aber es war sehr unangenehm. Ihre Mama Tanja, hat die beiden weiblichen Erdgebundenen Seelen mit nach Hause gebracht. Sie haben sich aus Tanjas Aura gelöst um sie zu schützen, dass sie gesund bleibt. Die weiblichen Seelen haben sich im Wohnzimmer aufgehalten. Jolina hat die Seelen gespürt. Sie fragte ihre Tante Anke ob sie es kennt wenn man beobachtet wird und auf Schritt und Tritt verfolgt wird. Die Eltern werden irgendwann mit ihrer Tochter über dieses Thema sprechen können. Der jetzige Zeitpunkt ist noch zu früh. Jolina hat den beiden weiblichen Seelen geholfen, endlich in Frieden und Freiheit zu sein. Vor ein paar Jahren hast du deiner Tante erzählt, dass du des Nachts eine Gestalt in deinem Spiegelschrank gesehen hast, da warst du zehn Jahre alt. Zu der Zeit waren es drei weibliche Seelen, sie befanden sich in eurer Küche.

MÄNNLICHE UND WEIBLICHE SEELEN

Im Haus von Mariechen gab es für mich viel zu tun. Vier weibliche Seelen hatten es sich im Schlafzimmer gemütlich gemacht. Sie kam nicht zur Ruhe. Ich sah die Seelen ins Licht gehen, es kam mir vor als ob ich auf einem hohen Berg stehe. Um mich herum und auch auf dem Weg, den die Seelen gingen, war es sehr nebelig, so dass ich nur eine junge Frau sah, die es sehr eilig hatte in ihre Heimat zukommen. Im Wohnzimmer ergab sich ein anderes Bild. Drei männliche Seelen aus einem drei Generationen Haushalt. Die ältere Seele trug einen Stock an der linken Hand, er war mit einem schwarzen Anzug bekleidet, dazu trug er eine schwarze flache Mütze. Die andere Seele war etwa vierzig bis fünfzig Jahre alt. Er trug eine Tracht und lief stolz neben seinem Vater in der Mitte. Rechts von ihm sah ich seinen Sohn, ein kleiner Blondschopf, sein Papa hielt ihn fest in seiner Hand.

Ihre Tochter Maren bewohnt die Anliegerwohnung, in der sie sich nicht zu hundert Prozent wohlfühlt. Mariechen erzählte mir, dass Maren in der Nacht in ihrem Bett nicht zur Ruhe kommt. Es befanden sich drei männliche Erdgebundene Seelen unter ihrem Bett. Die Seelen haben sich ganz leise bei Maren bemerkbar gemacht. Sie gingen sehr langsam und leise. Ich habe lange nichts gesehen, alles war schwarz, nach einiger Zeit drang ein kleines Licht durch und es war alles sehr verschwommen. Manche Seelen möchten sich nicht zeigen. Davor habe ich meinen größten Respekt. Maren kann jetzt wieder gut durchschlafen und ist am Morgen ausgeruht.

ZWEI WEIBLICHE SEELEN

Ich bat Hiltrud sich auf ihr Bett zulegen. Wir hatten uns um sechzehn Uhr verabredet und ich bat sie darum, zehn Minuten zuvor zur Ruhe zukommen. Bei meiner Seelenarbeit habe ich Erzengel Michael um Hilfe für Hiltrud gebeten. Sie hatte eine Anhaftung von zwei weiblichen Erdgebundenen Seelen. Sie liefen sehr langsam ins Licht. Sie hatten keine Eile und unterhielten sich sehr angeregt. Es waren Zwillinge, so um die siebzig oder fünfundsiebzig Jahre. Beide waren identisch, die Figur, die Kleidung, sogar die Haare. Beide trugen hellbraunes kleinlockiges Haar. Hiltrud erzählte ihrer Tochter, dass sie um zehn vor vier aus dem ehemaligen Kinderzimmer einen lauten Knall hörte, als wenn jemand mit einem Gehstock auf den Fußboden haut. Und gleich danach noch einen Knall, den sie aber nicht zuordnen konnte, auch nicht aus welchen Zimmer das Geräusch kam. Die beiden Seelen haben sich bei Hiltrud bedankt und verabschiedet. Die Erdgebundenen Seelen kennen ihre Zeit um nach Hause gehen zu dürfen.

Wir werden das verborgene Reich kennenlernen, wo alle Seelen wohnen.

RÜCKREISE VON BERLIN

Nach jeder Rückreise von Berlin besuchen wir immer unseren Freund Udo. Wir saßen wieder in netter Runde als Udo das Thema Bücher ansprach und sagte zu mir: „Ich habe oben sehr viele Bücher, möchtest du dir welche aussuchen?“ Nach so langer Freundschaft gingen wir das erste Mal in die obere Etage, in einen Raum der nur aus Büchern bestand. Da ich nicht fündig wurde gingen wir in das Zimmer von seiner verstorbenen Frau. Alles war so wie sie gelebt hat, die Fotos an der Wand und das Bett war mit rosa Bettwäsche bezogen. So viele kleine Besonderheiten schmückten das Zimmer. Es war eine schöne aber auch eine bedrückende Energie vorhanden. Da ich aus diesem Zimmer kein Buch mitnehmen wollte, drückte Udo mir beim Verlassen des Raumes eine große Bibel in die Hand mit den Worten: „Die nimmst du jetzt mit, dass war die Bibel meiner Frau, ich möchte sie dir schenken.“ Zu Hause legte ich die Bibel auf einen kleinen Tisch im Flur. Sie war etwas Besonderes, datiert auf das Jahr 1912.

Am Sonntagvormittag rief unser Nachbar an ob mein Mann ihm bei einem Computer Problem helfen könnte. Somit war ich alleine im Haus. Ich wollte für den Nachmittag noch schnell einen Kuchen backen. Da ich in Eile war, vergaß ich mein iPad mit in die Küche zunehmen um wie immer laute Musik zuhören. In meinen Gedanken wollte ich es holen aber irgendetwas hinderte mich daran. Nach einer kurzen Zeit hörte ich ein lautes Geräusch, als wenn irgendetwas umgefallen war. Ich lief alle Räume ab aber es war alles in Ordnung. So ging ich mit vielen Fragen in meinem Kopf wieder in die Küche.

Inzwischen war mein Mann wieder Zuhause, ich erzählte was in seiner Abwesenheit passiert war. Bei unserer Unterhaltung sah ich die Bibel auf dem kleinen Tisch im Flur liegen. Die Seele von Udos Frau hatte sich an die Bibel gehangen. Sie hat die Gelegenheit genutzt um nach so vielen Jahrzehnten endlich ins Licht gehen zu dürfen. Ihr buntes Kleid trug sie mit Stolz, es war ein sechziger Jahre Kleid, was damals Hipp war, dazu trug sie weiße Pumps. Sie schritt wie ein Model ins Licht.

HEIMREISE

Unser Nachbar hatte PC Probleme die er nicht lösen konnte. Mein Mann bot ihm seine Hilfe an, erst telefonisch, doch es kam zu keinem Ergebnis, so dass mein Mann es vor Ort lösen wollte. Meine Gedanken doch noch das iPad zu holen um Musik zuhören wurden unwichtiger. Dieses regeln die Erdgebundene Seelen im Vorfeld. Die Seele hat es auch so geplant, dass Udo sich mit uns über das Thema Bücher unterhalten sollte. Auch das wir in die erste Etage gehen und ganz wichtig, auch ihr Zimmer besuchten. Beim Verlassen des Raumes griff Udo so schnell nach der Bibel und genauso schnell drückte er mir sie in die Hände. Ich nahm sie an mich ohne zu wissen, dass ich in diesem Augenblick eine Hilfe für die Seele war. Dafür bin ich Dankbar.

FEHLALARME

Ich las den Bericht in unserer örtlichen Zeitung und war mir sicher, dass es sich um Erdgebundene Seelen handelte. Es wurden sechsundfünfzig Fehlalarme im Jahr zweitausendzwanzig von Brandmeldeanlagen ausgelöst. Es handelte sich um Firmen in Gewerbegebieten in Alhorn. Die meisten Fehlalarme kamen von einem Geflügelverarbeitenden Betrieb. Die Feuerwehren rückten aus und jedes Mal stellten sie die Anlage zurück und fuhren wieder zu ihrem Standort. Im Januar zweitausendeinundzwanzig rückte die Feuerwehr fünf Mal aus, drei Mal davon handelte es sich wieder um Fehlalarme im Alhorner Gewerbegebiet. Insgesamt hatten achthundertdreiundzwanzig Erdgebundene Seelen die Fehlalarme ausgelöst.

Am zweiten Februar zweitausendeinundzwanzig war der letzte Einsatz im Alhorner Gewerbegebiet. Der Bericht erschien am neunten Februar. Ich begann sofort mit meiner Seelenarbeit. Am nächsten Tag hatte ich Herzschmerzen, es war ein Stechen in der Brust. Erst am Abend begann ich mit meiner Seelenarbeit nach Stunden des Nachdenkens. Es hatten sich drei männliche Seelen auf mein Herz Chakra gesetzt um sich so bemerkbar zu machen. Vielleicht hatten sie es nicht geschafft mit den anderen ins Licht zugehen oder sie waren nicht bereit mit der Masse mitzugehen. Jetzt waren sie auf dem Weg nach Hause. Ich spürte eine leichte warme Energie auf meiner Schulter, und nach einem kurzen Moment eine Hand auf meiner rechten Schulterkuppe. So bedankte sich eine Seele bei mir. Es war ein sehr vertrautes Gefühl. Ich wünschte den drei Seelen das sie wohlbehalten ankommen. Als die Energie schwächer wurde, wusste ich, dass sie im Licht sind. Mein Herz Chakra hat sich ein paar Stunden nach meiner Lichtarbeit erholt.

In der nächsten Nacht kamen mein Mann und ich nicht zur Ruhe. Es ist immer ein Zeichen, dass sich Erdgebundene Seelen im Haus aufhalten. Es waren sieben männliche Erdgebundene Seelen die nicht in Alhorn ins Licht gingen, und durch meine Lichtarbeit den Weg zu uns gefunden haben. Es waren junge Männer die sich in unserem Wohnzimmer aufhielten. Sie waren zwischen zwanzig und dreißig Jahre alt. Es war ein wilder Haufen, sie liefen als wollten sie zu einer Fete. Einige lachten laut und alle sprachen durch einander, einige tanzten. Ich wünschte allen eine schöne Ankunft.

HELLES LICHT

Je weiter die Seele von der Erde entfernt ist, umso deutlicher spürt sie ein helles werdendes Licht um sie herum. Sobald sie sich auf den Ort eingestellt hat, der ihre Heimat ist, hat sich ihre Erdhaftigkeit gewandelt.

Die Seele betrauert nicht ihren eigenen Tod, wie es Hinterbliebene tun. Unsere Seele ist es, die uns auf Erden zum Menschen macht, doch ohne unseren Körper gehören wir nicht mehr der Gattung Homo sapiens an.

Quelle: Unbekannt

MEIN LEBENSWEG

Dieses Leben sollte ich in einem kleinen Dorf verbringen. Mit meinen einfachen Eltern in einem kleinen Haus, wo es für mich nicht mal ein Zimmer gab. Die Küche war mein Spielzimmer, wo auch meine Oma saß. Sie sortierte immer Knöpfe, das war ihr Alltag. Sie war schon 90 Jahre alt als sie zu uns kam. Mein Vater war Arbeiter, meine Mutter war für den Haushalt und den Garten zuständig. Die Bücher die wir zu Hause hatten, waren meine Schulbücher. Ich war ein sehr dünnes und kränkliches Kind, aber zäh.

Mit 15 Jahren ging ich in die große Stadt, als Kindermädchen in einem Arzt-Haushalt. Mein Vater hatte mir diese Lehrstelle vermittelt. Es war eine schöne Zeit, ich hatte zwei Mädchen und einen Jungen zu behüten und bewohnte im Haus ein Zimmer.

Nach ein paar Jahren wurde es mir zu eng. Meine Arbeit als Verkäuferin bei der Firma Eduscho gefiel mir sehr gut. Ich hatte meine Freiheit, ein kleines Zimmer in der großen Stadt. Immer so um die Mittagszeit kam ein junger Mann zum Tee trinken. Meine Kollegin hatte es schneller erkannt als ich, dass er nur wegen mir kam. Wir wurden ein Paar, eine schöne Zeit mit Conny. Bis es mir wieder zu eng wurde, ich wollte alles alleine genießen.

Jahre später

Ein glückliches Ehepaar waren wir kaum, was sich sehr schnell heraus stellte. Diese Ehe sollte mit Fremdgehen und Abneigung zu meiner Person doch über 20 Jahre halten. Meinen Sohn habe ich in dieser Ehe alleine erzogen. Er ist ein wunderbarer Mensch. Meine Zeit war endlich da, als er erwachsen war und seine Frau kennenlernte. Nun konnte ich mein Leben in die Hand nehmen, mit meinem Job, einer eigenen Wohnung, die Scheidung war eingereicht.

Wir schreiben das Jahr 1995. Ich habe ein paar Jahre alleine gelebt, in einer großen Stadt war das kein Problem. Gerne ging ich am Wochenende aus, am liebsten in ein Tanzlokal. An diesen Abend war es so voll, dass ich beschloss, nach Hause zu gehen. Ich stellte mich an die Ein und Ausgangstür um mein Glas zu leeren. Da stand er nun, ein großer blonder Mann, er bat um einen Tanz und somit verbrachten wir den ganzen Abend mit viel Lachen, viel Reden und zu guter Letzt noch ein schönes Essen beim Griechen. Der Anfang einer großen Liebe. Ein Jahr später zog ich zu ihm wieder aufs Land. Im Jahr 1997 haben wir unsere Traumhochzeit gefeiert. In der Firma, wo ich 20 Jahre gearbeitet habe, wurde ich gemobbt, der neue Chef räumte auf. Jahre später verstand ich, dass es so sein sollte, weil mein Weg ein anderer war. Erst noch ein paar Stationen als Verkäuferin im Wäschegeschäft.

MEIN SPIRITUELLER WEG

Im Jahr 2005 wurde ich in den 1. Reiki Grad eingeweiht. Nach einem halben Jahr erfolgte die Einweihung in den 2. Grad. Anfang 2006 erhielt ich den 3. Reiki Grad auch Meistergrad genannt. Meine Ausbildung zum Lehrer Grad habe ich im Jahr 2008 abgeschlossen.

Mit Reiki kommt der Mensch zur Ruhe und Gelassenheit, zu einer neuen Lebenshaltung. Reiki ist eine alte Heilkunst, die in Japan im 19. Jahrhundert von Dr. Mikao Usui einem christlichen Mönch wiederentdeckt wurde. Reiki ist eine natürliche Heilungsenergie sie fließt in kraftvoller und konzentrierter Form durch die Hände des Reiki Kanals.

Rei- bedeutet Universale Lebensenergie.

Ki – ist ein Teil des Rei und fließt durch alles ,was lebt. Also ist sie auch unsere eigene, vitale Lebensenergie.

Die Reiki Energie stärkt Körper, Geist und Seele. Harmonie herstellen auf allen Ebenen des Seins.

Reiki ist der unendliche Kosmos geistiger Helfer bis hin zu Gott wo Reiki seinen Ursprung hat. Und wir Menschen dürfen im Übermaß von Reiki Gebrauch machen. Reiki überall verwenden, weil dadurch Licht, Liebe, Dank überall hinkommen. Reiki schützt und schafft ein vertrauensvolles Lebensgefühl.

ERZENGEL UND IHRE ENERGIE

Im Jahr 2008 wurde ich in zehn Engel eingeweiht. Jeder Erzengel hat ein anderes Gebiet eine andere Schwingung Erzengel dienen der gesamten Schöpfung.

Erzengel Michael

Sein Name bedeutet: Wer ist wie Gott. Erzengel Michael ist einer der bekanntesten Erzengel. Er ist der Farbe Blau zugeordnet. Seine Themen sind Reinheit, Kraft, Schutz, Handeln, Mut, Klärung Struktur, und Willenskraft. Michael ist Krieger und Kämpfer gegen die dunklen Mächte. Erzengel Michael stärkt unsere Aura, schützt uns wenn wir vom göttlichen Plan abweichen.

Erzengel Raphael

Medizin Gottes. Seine Hauptfarbe ist grün. Heil und Ganzwerden auf allen Ebenen, seine Energie ist nährend, weich, aufbauend, reinigend. Balsam für Körper, Geist und Seele. Erzengel Raphael heilt alle Bereiche unseres Seins. Ärzte, Heiler, Therapeuten, der gesamte medizinische Bereich werden von Erzengel Raphael unterstützt. Bei der Reiki- Behandlung bitte ich ihn mir zu helfen, besonders bei seelischen Schmerzen.

Erzengel Jophiel
Gott ist meine Wahrheit. Er ist der Farbe Gold zugeordnet. Seine Themen sind Bewusstwerdung, Beständigkeit, göttliche Liebe und Weisheit. Seine Energie ist sanft , warm und mütterlich. Erzengel Jophiel steht Forschern, Entdeckern, Pioniere und Erfinder zur Seite. Er arbeitet mit den Engeln der Weisheit zusammen. Erzengel Jophiel gibt uns Impulse zu Ideen, Wissen, Erkenntnisse und Weisheit.

Erzengel Zadkiel

Wohlwollen Gottes. Seine zugehörige Hauptfarbe ist violett. Seine Themen sind Vollkommenheit, Freiheit, Entfaltung, Stille und Glückseligkeit. Der Mensch bekommt mehr Kraft für den Alltag, für Selbstvertrauen und Klarheit. Zadkiel ist auch der Hüter der kosmischen Gesetze und bereitet uns auf die nächsten Lernschritte vor.

Erzengel Uriel

Gott ist Licht. Er ist der Farbe granat- und rubinrot zugeordnet. Seine Themen sind Struktur, Tatkraft, Frieden, und Harmonie. Uriel bringt Bewusstsein in den Alltag, bringt uns ins Hier und Jetzt. Uriel ist der Hüter des physischen Körper und bringt Körper, Geist und Seele in Einklang. Er bildet den Brückenkopf zur Materie. Er ist Hüter der Ordnung und lehrt uns die materielle Welt zu meistern. Uriel wird beschrieben als Erzengel für Frieden und Hingabe.

Erzengel Haniel

Anmut Gottes Die zugehörige Hauptfarbe ist hellblau. Seine Themen Erkenntnis, Erhabenheit, klares Erkennen, Kraft, Illusionen durchschauen, selbstverständlich handeln, Freude, Selbstvertrauen. Die Energie von Haniel richtet den Menschen wieder auf, gibt ihm Kraft somit ist er entspannt und wieder in seiner Mitte. Das Leben hat wieder Stärke, man kann die Herausforderungen annehmen. Er stärkt unser Rückgrat so das man gradlinig, konsequent und aufrecht seinen Weg gehen kann.

Erzengel Chamuel

Gott ist mein Ziel. Die zugehörige Hauptfarbe ist rosa bis lachsorange. Seine Themen sind Beziehungen, Mitgefühl, Partnerschaft, Harmonie, Leichtigkeit, Kreativität, Beschwingtheit, Inspiration. Die Energie von Erzengel Chamuel klärt Beziehungen auf allen Ebenen zu sich selbst und zu anderen. Der Mensch hat nun den Mut zur Versöhnung und Toleranz. Erzengel Chamuel inspiriert zu künstlichen Tätigkeiten, weil er die göttliche Schönheit auf die Erde bringt.

Erzengel Gabriel

Sein Name bedeutet: Gott ist meine Stärke. Seine Farbschwingung ist weiß. Seine Themen sind Hoffnung, Sehnsüchte, Wünsche, Lebensfreude. Erzengel Gabriel ist neben Erzengel Michael der bekannteste Erzengel. Gabriel hilft das nächste Ziel und das Lebensziel zu erkennen. Er lässt uns die lichtvollen Seiten wieder sehen wenn wir keine Hoffnung mehr haben. Erzengel Gabriel heilt das innere Kind. Er ermuntert uns, mit dem Leben zu tanzen. Die Juden kennen den Erzengel Gabriel, dort ist er einer der vier Himmelsfürsten.

Erzengel Metatron

Er ist der Farbe Gold, Weiß oder Perlmutt zugeordnet. In manchen Systemen wird er nicht als Erzengel gezählt, sondern als Engelsfürst und König der Engel bezeichnet. Er besitzt die höchste Schwingung der Erzengel. Er hilft auch bei der Geburt von Seelen. Metatron hegt eine große Liebe zu Kindern, er hilft ihnen sich gut zu konzentrieren. Von Metatron wird gesagt, dass er wie Melchizedek Mensch war.

Erzengel Melchizedek

Melchizedek wird im Alten und Neuen Testament als auch in der Bibel erwähnt. Er war Priester und König von Salem, was das heutige Jerusalem. Somit übernahm er beide Aufgaben, die spirituelle und die materielle. Seine Energie ist voller Kraft, Liebe und Frieden. Er ist Lehrer und Vermittler dieser Zeit. Erzengel Melchizedek arbeitet mit dem komplementären Erzengel Metatron und der Christuskraft zusammen. Außerdem mit Erzengel Raphael für die Heilung.

Alle Wesen in der Geistigen Welt respektieren unseren freien Willen. Sie greifen nicht in unser Leben ein. Im Bittgebet laden wir die Engel ein uns zu unterstützen.

Ich sage es immer mit einfachen Worten. Lieber Erzengel Michael, ich rufe dich über den blauen Strahl, ich brauche deine Hilfe. Dann bitte ich und bedanke mich von ganzen Herzen für seine Energie, dass ist sein Lohn. Jeder Erzengel hat eine andere Farbschwingung auf welcher der Mensch bitten kann mit seinen eigenen Worten.

Spirituelle Quelleninformationen

Engel begleiten uns, Petra Schneider – Gerhard K. Pieroth

ISBN 89385-330-8 8. Auflage 2004

Die Abenteuer der Seelen, Michael Newton

ISBN 978-3-907029-71-8 Übersetzung Manfred Jansen 4. Auflage 2009

Die Reisen der Seele, Michael Newton, ISBN 3-907029-50-X Übersetzung Doris Aebi Egli, 7. Auflage 2005

Heile dich selbst, Brigitte Müller und Horst H. Günther, 32. Auflage 2004